KHALIL GIBRAN
GEDANKEN DES MEISTERS

GOLDMANN VERLAG

Deutsche Erstveröffentlichung

Aus dem Amerikanischen übertragen von Hans Christian Meiser.
Die amerikanische Originalausgabe erschien in der Übertragung
vom Arabischen durch Anthony R. Ferris unter dem Titel »The
Voice of the Master« bei Citadel Press, Secaucus, N.J.

Der Goldmann Verlag
ist ein Unternehmen der Verlagsgruppe Bertelsmann

Made in Germany · 3/91 · 2. Auflage
© 1958 by Anthony R. Ferris
© der deutschsprachigen Ausgabe 1988 by Wilhelm Goldmann Verlag,
München
Published by Arrangement with Lyle Stuart
Umschlaggestaltung: Design Team München
Satz: Filmsatz Schröter GmbH, München
Druck: Presse-Druck Augsburg
Verlagsnummer: 9135
Lektorat: Ulrike Kloepfer
Herstellung: Gisela Ernst/voi
ISBN 3-442-09135-7

Inhalt

I
Der Meister und seine Schüler

Die Reise des Meisters nach Venedig 11
Der Tod des Meisters 25

II
Worte des Meisters

Über das Leben 41
Über die Märtyrer des menschlichen Gesetzes 44
Gedanken und Meditationen 46
Über den ersten Blick – Über den ersten Kuß –
Über die Ehe 48
Über das Göttliche im Menschen 51
Über Vernunft und Wissen 54
Über Musik 57
Über Weisheit 61
Über Liebe und Gleichheit 64
Weitere Worte des Meisters 67
Wind 70
Liebe und Jugend 73
Die Weisheit und ich 76
Die beiden Städte 79
Natur und Mensch 81
Die Zauberin 83
Jugend und Hoffnung 85
Auferstehung 89

Ich kam, um ein Wort auszusprechen, und ich werde es jetzt sagen. Sollte der Tod mich hinwegraffen, dann wird das Morgen reden. Denn es läßt kein Geheimnis im Buch der Unendlichkeit verborgen.
Ich kam, um im Glanze der Liebe und im Lichte der Schönheit zu leben. Beides sind die Abbilder Gottes. Hier bin ich und lebe. Und man kann mich nicht aus dem Reich des Lebens vertreiben, denn durch mein lebendiges Wort werde ich auch im Tode leben.
Ich kam, um *für* alle und *mit* allen dazusein. Was ich heute allein tue, wird in künftigen Tagen von vielen verkündet werden.
Was ich heute mit einem Herzen sage, werden morgen Tausende von Herzen aussprechen.

Khalil Gibran

I
Der Meister und sein Schüler

Die Reise des Meisters nach Venedig

Und es begab sich, daß der Schüler den Meister ruhig im Garten wandeln sah. Tiefe Trauer lag auf seinem blassen Antlitz. Er begrüßte ihn im Namen Allahs und erkundigte sich nach dem Grunde seiner Trauer. Der Meister nahm seinen Stab und wies den Schüler an, sich am Felsen beim Fischteich niederzusetzen. Der Schüler tat, wie ihm geheißen, und war bereit, den Worten des Meisters zu lauschen.
Und dieser sprach:
»Du verlangst von mir, dir von dem Trauerspiel zu berichten, welches die Erinnerung jeden Tag und jede Nacht in meinem Herzen zur Darstellung bringt. Meines langen Schweigens und meiner verschwiegenen Geheimnisse bist du müde geworden, und meine Seufzer und Klagen verwirren dich. Du sagst dir: ›Wenn der Meister mich nicht in den Tempel seiner Sorgen einläßt, wie werde ich je das Haus seiner Zuneigung betreten können?‹
Achte also auf meine Geschichte... Höre, doch bemitleide mich nicht; denn Mitleid gebührt dem Schwachen – ich aber bin selbst im Elend noch stark. Von Jugend an werde ich Tag und Nacht vom Trugbild einer fremden Frau verfolgt. Wenn ich nachts alleine liege, sitzt sie an meiner Bettstatt, und zu mitternächtlicher Stunde vernehme ich ihre himmlische Stimme. Oftmals, sobald ich meine Lider schließe, spüre ich ihre sanften Finger auf meinen Lippen; und wenn ich die Augen öffne, überkommt

mich Furcht, und ich beginne angespannt auf die Geräusche zu achten, die das Nichts in die Stille haucht...
Oft frage ich mich, ob meine Einbildung mich so sehr zu verwirren vermag, daß ich mich selbst in den Wolken zu verlieren scheine. Habe ich aus dem Gespinst meiner Träume eine neue Gottheit... mit klangvoller Stimme und sanften Fingern gewoben? Habe ich meine Sinne verloren und in meiner Tollheit mir diese liebliche Gefährtin geschaffen? Habe ich mich der Gesellchaft der Menschen und dem Lärme der Stadt entzogen, auf daß ich mit dem Gegenstand meiner Bewunderung allein sein könne? Habe ich meine Augen und Ohren vor des Lebens vielfältigen Ausdrucksformen verschlossen, um ihre Gestalt besser sehen und ihre göttliche Stimme deutlicher hören zu können?
Desgleichen möchte ich wissen: ›Bin ich ein Narr, dem es genügt, allein zu sein, und der aus den Trugbildern seines Alleinseins eine Gefährtin und Braut für seine Seele schafft?‹
Von einer Braut spreche ich, und du wunderst dich über diese Worte. Doch wie oft verwirrt uns solch eine fremde Erfahrung, die wir als nicht wirklich erachten, deren Realität wir jedoch nicht aus unseren Gedanken verdrängen können, selbst wenn wir es wollten?
Diese Erscheinung ist wahrlich meine Braut, und sie teilt mit mir all die Freuden und Sorgen des Lebens. Sobald ich morgens erwache, beugt sie sich über mein Kissen und blickt mich freundlich und voll mütterlicher Liebe an. Sie steht mir in der Vorbereitung meiner Unternehmungen bei und hilft mir, sie zu vollenden. Wenn ich mich zu den Mahlzeiten

niederlasse, sitzt sie an meiner Seite, und wir tauschen Gedanken und Worte. Des Abends ist sie wieder bei mir und sagt: ›Wir verweilen schon zu lange hier – laß uns auf die Felder und Wiesen gehen.‹ Da unterbreche ich meine Arbeit und folge ihr; und wir setzen uns auf einen mächtigen Felsen und blicken zum weit entfernten Horizont. Sie deutet auf eine goldene Wolke und macht mich auf die Lieder der Vögel aufmerksam, welche diese vor der Ruhe der Nacht singen, um Gott für das Geschenk der Freiheit und des Friedens zu danken.
Oftmals betritt sie mein Gemach, wenn ich ängstlich und verwirrt bin. Doch sobald ich sie erblicke, wandelten sich alle Sorge und aller Ärger in Freude und Ruhe. Sobald mein Geist sich gegen die Ungerechtigkeit der Menschen untereinander auflehnt und ich ihr Antlitz inmitten derer sehe, die ich fliehen würde, verebbt der Sturm in meinem Herzen, und die himmlische Stimme des Friedens hält Einzug in mir. In einsamen Stunden, wenn des Lebens schwere Schläge mein Herz bedrücken und ich mit irdischen Fesseln gebunden bin, erblicke ich meine Gefährtin, wie sie mich liebevoll anschaut; und die Trauer wird zur Freude, und das Leben erscheint als ein Garten Eden.
Du wirst fragen, wie ich mit solch einer seltsamen Lebensweise einverstanden sein kann und wie ein Mann wie ich im Frühling seiner Jahre an Trugbildern und Träumen Freude zu finden vermochte? Aber ich sage dir, die Jahre, welche ich in diesem Zustand verbrachte, sind die Ecksteine dessen, was ich über Leben, Schönheit, Glück und Frieden an Wissen gewonnen habe.
Denn die Gefährtin meiner Träume und ich sind wie

Gedanken, welche frei vor dem Angesicht der Sonne schweben oder auf der Oberfläche des Wassers treiben, während sie im Mondenlicht ein Lied anstimmen, welches die Seele beruhigt und sie zu unvergleichlicher Schönheit führt.
Leben ist das, was wir sehen und durch den Geist erfahren; doch die Welt um uns lernen wir durch unseren Verstand und die Vernunft kennen. Und solches Wissen bereitet uns große Freude oder Trauer. Es war Trauer, die ich erfahren mußte, bis ich das dreißigste Lebensjahr erreicht hatte. Ohne diese Erfahrung wäre ich gestorben, bevor mir die Zeit mein Herzblut und meinen Lebenssaft entzogen hätte, und ich wäre als ein vertrockneter Baum zurückgeblieben, dessen Äste sich mit dem heiteren Wind bewegt und in dem die Vögel keine Nester mehr gebaut hätten.«
Der Meister hielt inne, und nachdem er sich zu seinem Schüler gesetzt hatte, fuhr er fort:
»Vor zwanzig Jahren sandte mich der Gouverneur des Libanon zu Studienzwecken nach Venedig und gab mir ein Empfehlungsschreiben an den Bürgermeister mit, den er in Konstantinopel getroffen hatte. Im April verließ ich den Libanon auf einem italienischen Schiff. Die Luft duftete nach Frühling, und weiße Wolken hingen am Himmel, wie man es auf vielen schönen Bildern sieht. Wie soll ich dir die Wonnen, die ich während dieser Reise empfand, beschreiben? Zu arm und zu karg sind Worte, um das innerste Gefühl im Menschenherzen auszudrükken.
Die Jahre, die ich mit meiner imaginären Gefährtin verbrachte, waren erfüllt mit Zufriedenheit, Freude und Frieden. Niemals hätte ich erwartet, daß

Schmerz meiner harrte oder daß mich in der Tiefe meines Freudenbechers Bitterkeit erwartete.
Als mich der Wagen von den heimatlichen Hügeln und Tälern zur Küste trug, saß die Gefährtin an meiner Seite. Sie war während der drei fröhlichen Tage, die ich in Beirut verbrachte, bei mir, sie durchstreifte mit mir die Stadt, blieb stehen, wo ich anhielt, und lächelte, wenn ein Freund mich ansprach.
Wenn ich im Gasthof am Fenster meines Zimmers saß und über die Stadt blickte, begleitete sie mich in meinen Träumereien.
Aber sobald ich im Begriff war, mich einzuschiffen, trat ein jäher Wandel ein. Ich spürte eine fremde Hand, die mich ergriff und zurückzog; und eine Stimme in mir sprach: ›Bleibe hier! Fahre nicht! Kehre zur Küste zurück, ehe auf dem Schiff Segel gesetzt werden!‹
Ich beachtete diese Stimme nicht. Doch als die Segel aufgezogen wurden, fühlte ich mich wie ein kleiner Vogel, der plötzlich von den Krallen eines Habichts gepackt und hoch in die Lüfte emporgetragen wurde.
Am Abend, als die Berge und Hügel des Libanon am Horizont verschwanden, befand ich mich allein am Bug des Schiffes. Ich suchte die Frau aus meinen Träumen, sie, die mein Herz liebte, die Braut meines Lebens; doch sie war nicht mehr an meiner Seite. Die liebliche Jungfrau, deren Antlitz ich erblickt hatte, wann immer ich zum Himmel aufschaute, deren Stimme ich in der Nacht vernahm und deren Hand ich hielt, als ich durch die Straßen Beiruts wandelte – sie war nicht mehr bei mir.
Zum ersten Mal im Leben fühlte ich mich völlig allein, auf einem Boot über den Tiefen des Ozeans.

Ich schritt das Deck ab und rief im Herzen nach ihr, während ich in der Hoffnung, ihr Antlitz wahrzunehmen, auf die Wogen blickte. Doch alles war umsonst. Gegen Mitternacht, als die anderen Passagiere sich zur Ruhe begeben hatten, blieb ich allein an Deck zurück, einsam, verwirrt und ängstlich.
Plötzlich blickte ich auf und sah sie, die Gefährtin meines Lebens, in einer Wolke über mir, nicht weit vom Bug entfernt. Freude ergriff mich, ich breitete die Arme aus und rief: ›Wo bist du gewesen? Bleibe nun bei mir und laß mich niemals mehr allein!‹
Sie bewegte sich nicht; aber auf ihrem Antlitz erspähte ich Trauer und Schmerz, etwas, das ich nie zuvor an ihr gesehen hatte. Sanft, doch mit trauriger Stimme sprach sie: ›Ich komme aus den Tiefen des Meeres, um dich noch einmal zu sehen. Geh nun in deine Kabine und überlasse dich dem Schlaf und den Träumen.‹
Nach diesen Worten wurde sie eins mit den Wolken und verschwand. Wie ein hungriges Kind schrie ich nach ihr, beinahe schon wie ein Wahnsinniger. Ich streckte meine Arme nach allen Richtungen aus, doch sie umarmten nur die Nachtluft, die schwer war vom Tau.
Ich legte mich in meine Koje und fühlte in mir die Ebbe und Flut tobender Elemente. Es war, als wäre ich auf einem gänzlich anderen Schiff, hin- und hergeworfen auf den wilden Wogen der Verwirrung und Verzweiflung.
Aber sonderbar genug, als ich mein Kissen berührte, fiel ich in tiefen Schlaf.
Ich träumte, und in meinem Traum sah ich einen Apfelbaum, der wie ein Kreuz gestaltet war, und an ihm hing – als wäre sie gekreuzigt – die Gefährtin

meines Lebens. Blut tropfte ihr von Händen und Füßen auf die Blüten, die vom Baum gefallen waren. Das Schiff segelte Tag und Nacht weiter, doch ich war wie benommen, nicht sicher, ob ich ein menschliches Wesen war, das in ein weit entferntes Land segelt, oder ein Geist, der über einen wolkigen Himmel zieht. Vergebens flehte ich die Vorsehung um den Klang ihrer Stimme an, um einen Blick auf ihren Schatten, um das sanfte Gefühl ihrer Finger auf meinen Lippen.
Es vergingen vierzehn Tage, und noch immer war ich allein. Am Mittag des fünfzehnten Tages erblickten wir in der Ferne die Küste Italiens, und in der Dämmerung liefen wir in den Hafen ein. Viele Menschen in geschmückten Gondeln kamen, um das Schiff zu begrüßen und die Passagiere zur Stadt zu geleiten.
Venedig ist auf vielen kleinen Inseln, die ganz dicht beieinanderliegen, erbaut. Seine Straßen sind Kanäle, und seine zahlreichen Paläste und Regierungsgebäude thronen auf dem Wasser. Gondeln stellen das einzige Transportmittel dar.
Als mich mein Gondoliere fragte, wohin er mich bringen solle, und ich ihm antwortete: ›Zum Bürgermeister von Venedig‹, blickte er mich ehrfürchtig an. Wir fuhren durch die Kanäle, während die Nacht ihren schwarzen Mantel über die Stadt breitete. Lichter funkelten aus den offenen Fenstern der Paläste und Kirchen, und ihr Spiegelbild im Wasser verlieh der Stadt ein Erscheinungsbild, das aus dem Traum eines Dichters zu stammen schien, lieblich und verzaubernd zugleich.
Die Gondel gelangte an die Kreuzung zweier Kanäle, und plötzlich hörte ich trauriges Glockengeläute. Obwohl ich mich in einem geistigen Rauschzustand

weitab jeder Wirklichkeit befand, drangen die Klänge in mein Herz und bedrückten meine Seele.
Am Fuß einer marmornen Treppe, die zu einer gepflasterten Straße führte, legte die Gondel an. Der Gondoliere deutete auf einen prächtigen Palast, der sich inmitten eines Gartens erhob, und sagte: ›Wir sind am Ziel.‹ Langsam stieg ich die Stufen hinauf, die zum Palast führten. Der Gondoliere, der mein Gepäck trug, folgte mir. Am Tor angelangt, entlohnte ich ihn und entließ ihn mit Dank.
Ich läutete, und das Tor wurde geöffnet. Als ich eintrat, ward ich von Weinen und Klagen begrüßt. Ich war erschreckt und verwundert. Ein älterer Diener näherte sich und fragte mit trauriger Stimme nach meinem Begehr. ›Ist dies der Palast des Bürgermeisters?‹ wollte ich wissen. Er verneigte sich und nickte, und ich händigte ihm das Schreiben des Gouverneurs des Libanon aus. Er betrachtete es und schritt feierlich zur Türe, die in die Empfangshalle führte.
Ich wandte mich an einen jüngeren Bediensteten und fragte nach dem Grund der Trauer, die den Raum erfüllte. Er sagte, daß die Tochter des Bürgermeisters an diesem Tag gestorben sei, und während er sprach, verhüllte er sein Haupt und weinte bitterlich.
Stelle dir die Gefühle eines Menschen vor, der das Meer überquert hat – die ganze Zeit zwischen Hoffnung und Verzweiflung hin- und hergeworfen – und der am Ende seiner Reise am Tor eines Palastes steht, in dem die grausamen Trugbilder von Schmerz und Wehklagen hausen. Stelle dir die Empfindungen eines Menschen vor, der Unterhaltung und Gastfreundschaft in einem Palast sucht,

um dann vom weißgeflügelten Tod empfangen zu werden.

Bald kam der alte Diener wieder, verneigte sich und sagte: ›Der Bürgermeister erwartet dich.‹

Er führte mich zu einer Türe am äußersten Ende des Korridors und bat mich einzutreten. Im Vorzimmer fand ich dicht gedrängt Priester und andere Würdenträger, alle in tiefes Schweigen versunken. In der Mitte des Raumes wurde ich von einem älteren Mann mit langem weißen Bart begrüßt. Er schüttelte meine Hand und sprach: ›Es ist unser unglückseliges Los, dich, der du aus einem weit entfernten Lande kommst, an einem Tag, an dem uns unsere liebste Tochter geraubt wurde, willkommen zu heißen. Doch ich bin zuversichtlich, daß unsere Trauer deinen Auftrag nicht beeinträchtigen wird, den ich – dessen sei versichert – nach Kräften unterstützen werde.‹

Ich dankte ihm für seine freundlichen Worte und drückte ihm mein tiefstes Mitgefühl aus. Daraufhin führte er mich zu einem Sessel, und ich gesellte mich zu der schweigenden Versammlung.

Als ich die trauernden Gesichter der Leidtragenden sah und ihre schmerzlichen Seufzer vernahm, fühlte ich, wie sich mein Herz vor Trauer und Elend zusammenzog.

Bald danach nahmen die Trauergäste Abschied, und nur der leidgeprüfte Vater und ich blieben. Da ich ebenfalls eine Geste des Fortgehens machte, hielt er mich zurück und sprach: ›Ich bitte dich, mein Freund, geh nicht weg. Sei unser Gast, wenn du unseren Kummer mit uns tragen kannst.‹

Seine Worte bewegten mich tief, und ich verbeugte mich einwilligend, während er fortfuhr: ›Ihr Männer

des Libanon seid zu den Fremden in eurem Lande höchst gastfreundlich. Wir sollten ernsthaft an unsere Pflichten ermahnt werden, falls wir weniger freundlich und höflich zu unserem Gast aus dem Libanon sind.‹ Er läutete, und daraufhin erschien ein Kammerdiener in einer glänzenden Uniform.
›Führe unseren Gast zum Gemach im Westflügel‹, sagte er, ›und kümmere dich gut um ihn, während er bei uns weilt.‹
Der Kammerdiener geleitete mich in einen geräumigen, verschwenderisch ausgestatteten Raum. Sobald er gegangen war, sank ich auf einen Diwan und begann, über meine Lage in diesem fremden Land nachzudenken. Ich blickte zurück auf die ersten wenigen Stunden, die ich hier, weit entfernt von meiner Heimat, verbracht hatte.
Innerhalb weniger Minuten kam der Diener mit meinem Abendessen auf einem silbernen Tablett zurück. Nachdem ich gegessen hatte, begann ich, in dem Gemach auf- und abzuschreiten, und hielt dann und wann am Fenster inne, um auf den Abendhimmel von Venedig zu blicken und den Gesängen der Gondoliere sowie den rhythmischen Schlägen ihrer Ruder zu lauschen. Schließlich wurde ich schläfrig, warf mich müde auf das Bett und verfiel in einen Zustand des Vergessens, in welchem der Rausch des Schlafes und die Nüchternheit des Wachseins sich vermengten.
Ich weiß nicht, wieviele Stunden ich so verbrachte, denn es gibt im Leben weit ausgedehnte Räume, die der Geist durchläuft und die man mit Zeit, der Erfindung des Menschen, nicht messen kann. Alles, was ich damals verspürte und heute noch fühle, ist der elende Zustand, in dem ich mich befand.

Plötzlich nahm ich eine Erscheinung wahr, die über mir schwebte, und ein Geist aus dem Äther rief mich, jedoch ohne jedes wahrnehmbare Zeichen. Ich erhob mich und ging zur Halle, als ob ich von einer göttlichen Macht getrieben und gezogen würde. Willenlos, wie im Traum, bewegte ich mich mit einem Gefühl, als würde ich in eine Welt jenseits von Raum und Zeit reisen.

Als ich an das Ende der Halle gelangt war, stieß ich eine Tür auf und befand mich in einer geräumigen Kammer, in deren Mitte ein Sarg stand, der von flackernden Kerzen und weißen Blumenkränzen umgeben war. Ich kniete an der Bahre nieder und blickte auf die Verschiedene. Und vor mir, vom Tod umhüllt, sah ich das Antlitz meiner Geliebten, der Gefährtin meines Lebens. Es war die Frau, die ich angebetet hatte, die jetzt kalt und tot vor mir lag, von weißen Blumen umgeben und vom ewigen Schweigen bewacht.

O Herr der Liebe, des Lebens und des Todes! Du bist der Schöpfer unserer Seelen. Du führst unsern Geist zu Licht und Dunkelheit. Du beruhigst unsere Herzen und läßt sie in Hoffnung und Schmerz schneller schlagen. Jetzt hast du mir die Gefährtin meiner Jugend in dieser kalten und leblosen Gestalt gezeigt.

Herr, du hast mich aus meinem Land geführt und mich in ein anderes geleitet, und du hast mir die Macht des Todes über das Leben und die Herrschaft des Kummers über die Freude offenbart. Du hast eine weiße Lilie in die Wüste meines gebrochenen Herzens gepflanzt und hast mich zu einem weit entfernten Tal gebracht, um mir ein totes Herz zu zeigen.

O ihr Freunde meines Einsamseins und meiner Ver-

bannung! Gott wollte, daß ich den bitteren Kelch des Lebens trinke. Sein Wille ist geschehen. Wir sind nichts als zerbrechliche Bauteile im Himmel der Unendlichkeit; und wir können nur gehorchen und uns dem Willen der Vorsehung unterwerfen.
Wenn wir lieben, stammt unsere Liebe weder von uns, noch ist sie für uns. Wenn wir uns freuen, ist unsere Freude nicht in uns, sondern im Leben selbst. Wenn wir leiden, liegt unsere Not nicht in unseren Wunden, sondern im tiefsten Herzen der Natur.
Ich beklage mich nicht, wenn ich diese Geschichte erzähle; denn wer sich beklagt, zweifelt am Leben, doch ich habe einen starken Glauben. Ich glaube an den Wert der Bitterkeit, die in jedem Schluck liegt, den ich aus dem Becher des Lebens trinke. Ich glaube an die Schönheit der Trauer, die in mein Herz dringt. Und ich glaube letztendlich an das Erbarmen dieser stählernen Finger, die meine Seele zermalmen.
Dies ist meine Geschichte. Wie kann ich sie beenden, wenn sie in Wirklichkeit gar kein Ende hat?
Ich verharrte kniend vor dem Sarg, in Stille entrückt, und starrte auf das engelgleiche Antlitz, bis der Morgen anbrach. Dann stand ich auf und kehrte in mein Gemach zurück, von der schweren Last der Ewigkeit niedergedrückt, aber gehalten von der Qual menschlichen Duldens.
Drei Wochen später verließ ich Venedig und kehrte in den Libanon zurück. Es war, als hätte ich Äonen in der unermeßlichen und stillen Tiefe der Vergangenheit verbracht.
Aber meine Traumvision blieb. Obgleich ich meine Gefährtin als Tote wiedergefunden hatte, war sie noch in mir lebendig. In ihrem Schatten arbeitete

und lernte ich. Wie diese Arbeit aussah, weißt du wohl, mein Schüler.

Ich versuchte, die erworbenen Kenntnisse und mein Wissen meinem Volk und seinen Führern zu übermitteln. Ich brachte den Schrei der Unterdrückten, die von der Ungerechtigkeit und den üblen Machenschaften weltlicher und kirchlicher Repräsentanten zermalmt wurden, vor Al-Haris, den Gouverneur des Libanon.

Ich riet ihm, dem Beispiel seiner Vorväter zu folgen und seine Untertanen mit Milde, Liebe und Verstehen zu behandeln. Und ich sprach zu ihm: ›Das Volk ist der Glanz unseres Königreiches und die Quelle seines Wohlstands.‹ Und weiter sprach ich: ›Es gibt vier Dinge, vor denen ein Herrscher sein Volk bewahren sollte: Zorn, Habsucht, Falschheit und Gewalt.‹

Wegen dieser und anderer Lehren wurde ich bestraft, in die Verbannung geschickt und von der Kirche ausgeschlossen.

Doch es kam eine Nacht, in der Al-Haris, von der Unruhe in seinem Herzen getrieben, keinen Schlaf fand. Er stand am Fenster und betrachtete das Firmament. Welche Wunder gab es da zu sehen! Wie viele Himmelskörper, verloren in der Unendlichkeit! Wer erschuf diese geheimnisvolle und bewunderungswürdige Welt? Wer lenkt die Sterne in ihren Bahnen? Welche Beziehung haben diese weit entfernten Planeten zu dem unseren? Wer bin ich selbst, und warum bin ich hier? All dies bewegte Al-Haris in seinem Innersten.

Er erinnerte sich auch meiner Verbannung und bereute die Härte, mit der er mich behandelt hatte. Sofort sandte er nach mir und bat mich um Verzei-

hung, ehrte mich mit einer Staatsrobe und ernannte mich vor allen Leuten zu seinem Berater, indem er einen goldenen Schlüssel in meine Hand legte.
Über die Jahre der Verbannung klage ich nicht. Derjenige, der nach der Wahrheit unterwegs ist und sie der Menschheit verkünden will, ist an das Leiden gebunden. Meine eigenen Sorgen haben mich die Kümmernisse meiner Mitmenschen verstehen gelehrt; doch weder Verfolgung noch Verbannung konnten das Traumbild in mir verdunkeln.
Aber nun bin ich müde...«
Nachdem er so gesprochen hatte, entließ der Meister seinen Schüler, der Almuhtada hieß, was soviel bedeutet wie »der Bekehrte«; und er machte sich zu seinem Zufluchtsort auf, um auszuruhen und seiner Seele von den Strapazen alter Erinnerungen Erholung zu gönnen.

Der Tod des Meisters

Zwei Wochen später erkrankte der Meister, und viele seiner Verehrer eilten zu seiner Einsiedelei, um nach seinem Gesundheitszustand zu fragen. Als sie das Gartentor erreicht hatten, sahen sie einen Priester, eine Nonne, einen Arzt und Almuhtada aus dem Haus treten. Der Lieblingsschüler verkündete den Tod des Meisters. Die Menge fing an zu klagen und zu jammern, doch Almuhtada weinte nicht, noch sprach er ein Wort.
Er besann sich eine kurze Zeit, dann stellte er sich auf einen Felsen am Fischteich und sprach:
»Meine Brüder und Landsleute! Soeben habt ihr die Nachricht vom Tode des Meisters gehört. Der unsterbliche Prophet des Libanon hat sich dem ewigen Schlaf hingegeben, und seine gesegnete Seele schwebt über uns in den Himmeln des Geistes, hoch über aller Sorge und Trauer. Seine Seele hat die Knechtschaft des Körpers abgestreift, ebenso wie das Fieber und die Bürden dieses irdischen Lebens.
Der Meister hat diese Welt der irdischen Materie verlassen, gekleidet in das Gewand der Herrlichkeit, und hat sich in eine andere Welt aufgemacht, die frei ist von Beschwernis und Bedrückung. Nun ist er dort, wo unsere Augen ihn nicht sehen und unsere Ohren ihn nicht hören können. Er weilt in der Welt des Geistes, deren Bewohner ihn gewiß brauchen. Nun sammelt er Wissen in einer neuen

Welt, deren Geschichte und Schönheit ihn stets bezauberten und deren Sprache zu lernen er sich ständig bemühte.

Sein irdisches Leben war eine lange Kette großer Taten. Es war ein Dasein steten Denkens; denn der Meister fand keine Ruhe außer in der Arbeit. Er liebte diese Arbeit und nannte sie *sichtbar gewordene Liebe*.

Er hatte eine dürstende Seele, die nur im Schoße des Wachseins Ruhe fand. Er hatte ein liebendes Herz, das vor Freundlichkeit und Wärme überfloß.

So war das Leben, das er auf Erden führte...

Er war ein Quell des Wissens, der aus der Brust der Ewigkeit kam, ein klarer Strom der Weisheit, der den Geist des Menschen begießt und erfrischt.

Und nun hat dieser Fluß die Küsten des Ewigen Lebens erreicht. Laßt keinen Eindringling um ihn klagen oder Tränen über seinen Weggang vergießen!

Bedenkt: Nur diejenigen, die vor dem Tempel des Lebens gestanden haben und niemals die Erde mit einem Schweißtropfen ihrer Stirn befruchten konnten, verdienen eure Tränen.

Doch was den Meister betrifft – verbrachte er nicht all seine Tage in Arbeit für das Wohlergehen der Menschheit? Gibt es einen unter euch, der nicht von der klaren Quelle seiner Weisheit getrunken hat? Darum, wenn ihr ihn ehren wollt, singt seiner gesegneten Seele eine Hymne des Lobes und des Dankes und nicht eure traurigen Grabgesänge und Klagelieder. Wenn ihr ihm Ehre erweisen wollt, macht euren Anspruch auf einen Teil des Wissens in den Büchern der Weisheit geltend, die er der Welt als Vermächtnis hinterlassen hat.

Nicht *geben* sollt ihr dem Genius, sondern von ihm *nehmen*! Nur so vermögt ihr ihn zu ehren. Klagt nicht um ihn, sondern seid fröhlich und schöpft soviel wie möglich aus seiner Weisheit. Nur auf diese Weise könnt ihr ihm gebührend Anerkennung zollen.«
Nachdem Almuhtada so gesprochen hatte, kehrte die Menge nach Hause zurück, mit einem Lächeln auf den Lippen und Liedern des Dankes im Herzen.

Almuhtada war nun in der Welt auf sich allein gestellt; doch niemals bemächtigte sich Einsamkeit seines Herzens, denn die Stimme des Meisters ertönte stets in seinen Ohren und drängte ihn, sein Werk fortzusetzen und die Worte des Propheten in die Herzen und Sinne all derer zu streuen, die freiwillig zuhören wollten. Er verbrachte viele Stunden einsam im Garten und dachte über die Schriftrollen nach, die der Meister ihm vermacht und in welchen er die Worte seiner Weisheit niedergelegt hatte.
Nach vierzig Tagen des Nachsinnens verließ Almuhtada die Zufluchtsstätte seines Meisters und begann seine Wanderungen durch die Weiler, Dörfer und Städte des alten Phönizien.
Eines Tages, als er über den Marktplatz von Beirut ging, folgte ihm eine große Menge. Er blieb auf der Straße stehen, und die Menschen umdrängten ihn, als er zu ihnen mit den Worten des Meisters sprach und sagte:
»Der Baum meines Herzens ist mit Früchten schwer beladen. Kommt, ihr, die ihr hungrig seid, und pflückt sie. Eßt, und euer Herz sei gestillt... Kommt und nehmt vom Überfluß meines Herzens und erleichtert mich von der Last. Meine Seele trägt schwer am Gewicht von Gold und Silber. Kommt, ihr, die ihr

verborgene Schätze sucht, füllt eure Börsen und nehmt mir meine Bürde ab...
Mein Herz ist übervoll vom Wein der Zeit. Kommt alle, die ihr durstig seid, trinkt und stillt euer Verlangen.
Einst sah ich einen reichen Mann am Eingang des Tempels stehen und seine Hände, gefüllt mit Edelsteinen, den Vorüberkommenden entgegenstrecken. Er rief: ›Habt Mitleid mit mir. Nehmt mir diese Juwelen ab. Denn sie haben meine Seele krank gemacht und mein Herz hart. Habt Mitleid, nehmt sie und macht mich wieder gesund.‹
Doch keiner der Vorübergehenden achtete auf sein Flehen.
Ich betrachtete den Mann und sagte: ›Es wäre sicher besser für ihn, arm zu sein, in den Straßen von Beirut umherzustreifen und die zitternde Hand nach Almosen auszustrecken, um am Abend mit vollen Händen heimzukehren.‹
Ich habe einen wohlhabenden und freigiebigen Scheich aus Damaskus gesehen, der seine Zelte in der Öde der arabischen Wüste am Fuße der Berge aufstellte. Am Abend sandte er Sklaven aus, um Reisende aufzuspüren und in seine Zelte zu bringen, wo sie beschützt und bewirtet werden sollten. Aber die Straßen waren verlassen, und die Sklaven brachten ihm keine Gäste.
Ich dachte über die Lage des einsamen Scheichs nach, und mein Herz sagte mir: ›Sicher wäre es besser für ihn, ein Landstreicher zu sein mit einem Stab in der Hand und einem leeren Beutel am Arm und mittags das Brot der Freundschaft mit seinen Gefährten bei den Müllhalden am Rande der Stadt zu teilen...‹

Im Libanon sah ich die Tochter des Statthalters sich vom Schlafe erheben. Sie war in ein kostbares Gewand gehüllt, ihr Haar war mit Moschus besprengt und ihr Körper mit Wohlgerüchen gesalbt. Sie ging in den Garten des väterlichen Palastes, auf der Suche nach einem Liebhaber. Die Tautropfen des Grasteppichs netzten den Saum ihres Kleides. Doch leider! Unter all den Untertanen ihres Vaters fand sich keiner, der sie liebte.

Während ich den unglücklichen Zustand der Tochter des Statthalters bedachte, mahnte mich meine Seele und sprach: ›Wäre es nicht besser für sie, die Tochter eines einfachen Bauern zu sein, die Herden ihres Vaters auf die Weiden zu bringen und abends wieder in den Stall zurückzuführen und den Duft der Erde und der Weinberge an ihrem groben Schäfergewand zu tragen? Sie könnte sich aus der Hütte ihres Vaters fortstehlen und in der Stille der Nacht zu ihrem Geliebten eilen, der sie am leise murmelnden Bach erwartete!‹

Der Baum meines Herzens ist mit Früchten schwer beladen. Kommt, ihr hungernden Seelen, pflückt sie, eßt, und euer Herz sei gestillt. Mein Geist fließt über von altem Weine. Kommt, o ihr dürstenden Herzen, trinkt und löscht euer Verlangen...

Ich wünschte, ich wäre ein Baum, der weder Blüten noch Früchte trägt; denn die Qual der Fruchtbarkeit ist härter als die Bitternis der Unfruchtbarkeit, und das Klagen des freigiebigen Reichen ist schrecklicher als das Unglück des elenden Armen...

Lieber wäre ich eine vertrocknete Quelle, und die Menschen würden Steine in meine Tiefen werfen. Denn es ist besser, ein leerer Brunnen zu sein als ein

Quell reinen Wassers, der von dürstenden Lippen nicht berührt wird.
Und ich wäre lieber ein gebrochenes Schilfrohr, von den Füßen des Menschen niedergetrampelt; denn dies ist besser, als eine Lyra zu sein im Hause eines Herrn, dessen Finger verkrüppelt und dessen Kinder taub für ihre Klänge sind.
Hört mich an, o ihr Söhne und Töchter meines Vaterlandes! Denkt über diese Worte nach, die durch die Worte des Propheten zu euch kommen. Gebt ihnen Raum in den Kammern eures Herzens und laßt den Samen der Weisheit im Garten eurer Seele wachsen. Denn dies ist ein kostbares Geschenk Gottes.«

Der Ruhm Almuhtadas verbreitete sich über das ganze Land, und viele Menschen aus fernen Ländern suchten ihn auf, um ihm ihre Ehrerbietung darzubringen und um durch ihn den Worten des Meisters zu lauschen.
Ärzte, Rechtsgelehrte, Dichter und Philosophen überschütteten ihn mit Fragen, wann immer sie ihn trafen, ob auf der Straße, in der Kirche, in der Moschee oder in der Synagoge – und an jedem anderen Platz, wo Menschen zusammenkommen. Und ihre Seelen waren erfüllt von den wundervollen Worten, die von seinen Lippen flossen.
Er sprach zu ihnen über das Leben und seinen Sinn, und er sagte:
»Der Mensch gleicht der Gischt des Meeres, die auf der Oberfläche des Wassers schäumt. Sobald der Wind bläst, verschwindet sie, als ob es sie nie gegeben hätte. So wird auch unser Leben vom Tode fortgeblasen.

Der Sinn des Lebens ist das Leben selbst, welches jedoch nicht im Mutterleib beginnt und nicht im Grabe endet. Denn die Jahre, die vorübergehen, sind nichts anderes als ein Augenblick im ewigen Leben; und die wahrnehmbare Welt und alles, was es in ihr gibt, ist nur ein Traum, dem Erwachen vergleichbar, welches wir die Angst vor dem Tode nennen.

Die Luft trägt jeden Klang des Lachens, jeden Seufzer, der aus unseren Herzen kommt, davon, und sie bewahrt den Widerhall, welcher jedem Kuß antwortet, dessen Ursprung Freude ist.

Die Engel zählen jede Träne, welche in Trauer vergossen wird; und sie tragen den lauschenden Seelen, die in den Himmeln der Unendlichkeit schweben, jedes Lied der Freude zu, das unseren Gefühlen entstammt.

Dort, in der zukünftigen Welt, werden wir alle Schwingungen unseres Inneren sehen und die Bewegung unseres Herzens fühlen. Wir werden die Bedeutung des Göttlichen in uns verstehen, die wir hier verdammen, weil uns die Verzweiflung treibt.

Die Tat, die wir in unserer Schuldhaftigkeit heute Schwäche nennen, wird morgen als ein wesentliches Bindeglied in der gesamten Kette des Menschseins erscheinen.

Die schweren Aufgaben, für die wir keine Belohnung erhielten, werden mit uns leben, uns in Glanz wachsen lassen und von unserem Ruhme künden; und die Leiden, die wir ertrugen, werden als Lorbeerkränze unsere Häupter schmücken...«

Nachdem er dies gesprochen hatte, wollte sich Almuhtada von der Menge zurückziehen, um sich von den Mühen des Tages auszuruhen. Da nahm

er einen jungen Mann wahr, der mit wild verlangenden Augen ein liebliches Mädchen anblickte.
Almuhtada wandte sich zu ihm und sprach:
»Bist du von den vielen Glaubenssätzen, welche die Menschheit bezeugt, verwirrt? Hast du im Tal der widerstreitenden Bekenntnisse den Weg verloren? Meinst du, daß die Freiheit der Ketzerei weniger belastend ist als das Joch der Unterwerfung und daß die Freiheit der abweichenden Meinung sicherer ist als das Bollwerk der Anerkennung?
Wenn dem so ist, dann erhebe die Schönheit zu deiner Religion und opfere ihr als deiner Gottheit; denn sie ist die sichtbare, Gestalt gewordene, vollkommene Arbeit Gottes. Vertreibe jene, die mit der Göttlichkeit spielen, als wäre sie ein Schein; denn sie verbinden dabei Gier mit Anmaßung. Glaube statt dessen an das Göttliche der Schönheit, die mit einem Male den Beginn deiner Ehrfurcht vor dem Leben darstellt und die Quelle deines Hungers nach Glück ist.
Tu Buße vor der Schönheit und bereue deine Sünden, denn Schönheit bringt dein Herz dem Throne der Frau näher, welcher der Spiegel deiner Zuneigung und der Lehrer deines Herzens ist im Sinne der Natur, die deines Lebens Heimat bedeutet.«
Und bevor er die versammelte Menge verließ, fügte er noch hinzu:
»In dieser Welt gibt es zwei Arten von Menschen: Menschen von gestern und Menschen von morgen. Zu welcher Art gehört ihr, meine Brüder? Kommt, laßt mich euch anblicken und erkennen, ob ihr zu denen gehört, welche die Welt des Lichts betreten, oder zu jenen, die zum Land der Dunkelheit streben. Kommt und erzählt mir, wer und was ihr seid.

Bist du ein Volksvertreter, der zu sich sagt: ›Ich möchte mein Land zu meinem eigenen Nutzen gebrauchen?‹ Wenn dem so ist, bist du nichts als ein Parasit, der im Fleische anderer lebt. Oder bist du ein ergebener Patriot, der sich selbst ins Ohr flüstert: ›Ich liebe es, meinem Land als ein redlicher Diener beizustehen‹? Wenn es sich so verhält, dann bist du eine Oase in der Wüste, bereit, den Durst des Reisenden zu stillen.

Oder bist du ein Händler, der aus den Bedürfnissen der Menschen Vorteil zieht, indem er Waren an sich reißt, um sie dann für einen erhöhten Preis wieder zu verkaufen? Wenn ja, dann bist du ein ruchloser Gesell; und es macht keinen Unterschied, ob dein Zuhause ein Palast oder ein Gefängnis ist.

Bist du ein ehrenhafter Mann, der es dem Bauern und dem Weber ermöglicht, ihre Güter zu tauschen, der zwischen Käufer und Verkäufer vermittelt und durch seine gerechten Entscheidungen sich selbst und anderen Verdienst bringt? Wenn es sich so verhält, bist du ein rechtschaffener Mensch; und es spielt keine Rolle, ob du gelobt oder getadelt wirst.

Bist du ein religiöser Führer, der sich aus der Einfalt der Gläubigen eine scharlachrote Robe webt und aus ihrer Gutmütigkeit eine goldene Krone für sein Haupt schmiedet; und der, während er vom Überfluß des Satans lebt, seinen Haß gegen ihn ausspeit? Wenn dem so ist, dann bist du ein Ketzer; und es bedeutet nichts, wenn du den Tag über fastest und während der Nacht betest.

Oder bist du einer der Gläubigen, der in der Göttlichkeit der Menschen ein Fundament für die Besserstellung des ganzen Landes sieht; und in dessen Seele die Leiter der Vollkommenheit zum Heiligen Geist

hinführt? Wenn es sich so verhält, bist du wie eine Lilie im Garten der Wahrheit; und es bedeutet nichts, wenn dein Wohlgeruch an den Menschen verlorengeht oder mit der Luft verschwindet, dorthin, wo er für immer aufbewahrt sein wird.
Bist du ein Berichterstatter, der seine Grundsätze am Sklavenmarkt verkauft und sich an übler Nachrede, Mißgunst und Verbrechen mästet? Wenn ja, dann bist du wie ein räuberischer Geier, der an verfaultem Aas nagt.
Oder bist du ein Lehrer, der auf der erhabenen Bühne der Geschichte steht und der, vom Glanz der Vergangenheit entzückt, der Menschheit predigt und auch nach seinen Worten lebt? Wenn es sich so verhält, bist du Stärkung für die leidende Menschheit und Balsam für das wunde Herz.
Bist du ein Statthalter, der auf die herabblickt, die er regiert, und der sich niemals in Bewegung setzt, außer wenn es gilt, seine Untertanen zu berauben oder sie zum eigenen Nutzen auszubeuten? Wenn dem so ist, bist du wie die Spreu auf dem Dreschboden des Landes.
Oder bist du ein ergebener Diener, der das Volk liebt, der immer über seinem Wohlergehen wacht und eifrig um dessen Erfolg bemüht ist? Wenn ja, dann bist du ein Segen für die Kornkammern des Landes.
Bist du ein Ehemann, der die Fehler, die er begangen, als gesetzmäßig betrachtet, die seines Weibes aber als unstatthaft? Ist dem so, dann bist du wie jene ausgestorbenen Wilden, die in Höhlen lebten und ihre Nacktheit mit Fellen bedeckten.
Oder bist du ein treuer Gefährte, dessen Weib stets an seiner Seite ist und jeden Gedanken, jede Wonne und jeden Sieg mit ihm teilt? Ist es so, dann gleichst

du einem Menschen, der in der Morgendämmerung an der Spitze eines Volkes aufbricht und der Mittagssonne der Gerechtigkeit, Vernunft und Weisheit entgegenschreitet.

Bist du ein Schriftsteller, der sein Haupt hoch über die Menge erhebt, während sein Geist tief im Abgrund der Vergangenheit steckt, die mit den Lumpen und dem Abfall der Zeiten gefüllt ist? Wenn dem so ist, dann bist du wie ein stehendes Gewässer.

Oder bist du der scharfe Denker, der sein Inneres erforscht und das, was nutzlos, abgetragen oder schlecht ist, ablegt, aber jenes bewahrt, das sich als nützlich und gut erweist? Verhält es sich so, dann bist du wie Manna für die Hungernden und wie kaltes, klares Wasser für die Dürstenden.

Bist du ein Dichter, voll von Lärm und leeren Klängen? Wenn ja, dann bist du wie einer jener Marktschreier, die uns lachen machen, wenn sie weinen, und die uns weinen lassen, wenn sie lachen.

Oder bist du eine dieser begabten Seelen, in deren Hände Gott eine Viola legte, um dem Geist mit himmlischer Musik zu schmeicheln; einer von denen, die ihre Mitmenschen zum Leben und zur Schönheit des Lebens führen? Ist es so, dann bist du eine Fackel, die unsern Weg erleuchtet, ein süßes Verlangen in unseren Herzen und eine Offenbarung des Göttlichen in unseren Träumen.

Auf diese Weise ist die Menschheit in zwei mächtige Säulen geteilt. Die eine bilden die Bejahrten und Gekrümmten, die sich keuchend auf ihren Stab stützen, als ob sie auf einen Berg kletterten, während sie in Wirklichkeit in den Abgrund hinabsteigen.

Die zweite Säule sind die Jugendlichen, die wie mit beflügelten Füßen laufen und singen, als ob ihre

Kehlen silberne Saiten hätten, und die den Gipfel des Berges besteigen, als würden sie von einer unwiderstehlichen, geheimnisvollen Kraft getrieben.
Zu welcher dieser mächtigen Säulen gehört ihr, meine Brüder? Stellt euch selbst diese Frage, wenn ihr in der Stille der Nacht allein seid.
Beurteilt selbst, ob ihr zu den Sklaven des Gestern oder zu den freien Menschen des Morgen gehört.«

Almuhtada kehrte zu seiner Wohnstatt zurück und lebte dort viele Monate in Abgeschiedenheit. Er las, dachte über die Worte der Weisheit, die der Meister ihm auf den Schriftrollen vermacht hatte, nach und lernte vieles; doch gab es manches, von dem er feststellte, es weder gelesen noch von den Lippen des Meisters vernommen zu haben. Er gelobte, seine Einsiedelei solange nicht zu verlassen, bis er alles, was ihm der Meister hinterlassen, erforscht und erlernt hätte, auf daß er es seinen Landsleuten weiterreichen könne. So sehr vertiefte sich Almuhtada in die Schriften des Meisters, daß er sich selbst und alles um sich herum vergaß, auch alle jene, die ihm auf dem Marktplatz und in den Straßen Beiruts zugehört hatten.
Vergebens versuchten seine Bewunderer, ihn zu erreichen, denn sie waren in Sorge um ihn. Selbst als der Statthalter des Libanon sich mit der Bitte an ihn wandte, zu den Beamten des Staates zu sprechen, lehnte er ab und sagte: »Ich werde bald zu dir kommen – mit einer besonderen Botschaft an das ganze Volk.«
Der Statthalter ordnete an, daß an dem Tag, an dem Almuhtada erscheinen wollte, alle Bürger ihn zu empfangen und ihn ehrerbietig in ihren Häusern,

Kirchen, Moscheen, Synagogen und Schulen willkommen zu heißen hätten; und sie sollten voll Ehrfurcht seinen Worten lauschen, denn er wäre die Stimme des Propheten.

Der Tag, an welchem Almuhtada schließlich seine Abgeschiedenheit verließ, um seine Botschaft unter dem Volk auszubreiten, wurde ein Tag des Entzükkens und ein Fest für alle. Almuhtada sprach frei und ohne Behinderung; er predigte das Evangelium der Liebe und der Brüderlichkeit. Keiner wagte es, ihm mit Verbannung aus der Heimat oder mit dem Ausschluß aus der Kirche zu drohen. Wie anders wurde er aufgenommen im Vergleich mit dem Geschick seines Meisters, der verbannt und ausgeschlossen worden war, ehe er schließlich um Verzeihung gebeten und zurückgerufen wurde!

Der gesamte Libanon hörte Almuhtadas Worte. Später wurden sie als Episteln in einem Buch gedruckt und im alten Phönizien und in anderen arabischen Ländern verbreitet. Einige dieser Episteln gaben des Meisters eigene Worte wieder, andere waren von Meister und Schüler aus alten Lehrbüchern ausgewählt worden.

II
Worte des Meisters

Über das Leben

Das Leben ist eine Insel inmitten eines Ozeans der Einsamkeit, eine Insel, deren Felsen Hoffnung, deren Bäume Phantasie, deren Blumen Alleinsein und deren Bäche Verlangen bedeuten.
Dein Leben, mein Freund, ist eine Insel, von allen anderen Inseln und Gefilden getrennt. Gleichgültig, wie viele Schiffe von deinen Küsten nach fernen Erdstrichen fahren, wie oft die Flut deine Gestade umspült, du bleibst eine vereinzelte Insel und mußt den Schmerz der Einsamkeit erdulden voll Sehnsucht nach Glück.
Mein Bruder, ich habe dich auf einem Berg voll Gold sitzen gesehen; du warst entzückt über deine Reichtümer, stolz auf deine Schätze und sicher in deinem Glauben, daß jede Handvoll Gold, welche du anhäuftest, ein unsichtbares Bindeglied zwischen den Wünschen und Gedanken anderer Menschen und den deinen sei.
In meinem Inneren habe ich dich als großen Eroberer gesehen, wie du deine Truppen führtest, in der Absicht, die Festungen deiner Feinde zu zerstören. Doch als ich abermals hinsah, nahm ich nichts als ein einsames Herz wahr, das hinter seinen Goldkisten schmachtete wie ein durstiger Vogel in einem goldenen Käfig, dessen Wasserschalen leer sind.
Ich habe dich auf dem Throne des Ruhms sitzen sehen, und um dich herum stand dein Volk, bewunderte deine Herrlichkeit, sang Loblieder auf deine

großen Taten, pries deine Weisheit und starrte dich an, als wäre ein Prophet zugegen; und die Begeisterung schwang sich empor bis zum Himmelszelt.
Und als du deine Untertanen betrachtetest, da nahm ich auf deinem Antlitz die Zeichen von Glück, Macht und Triumph wahr, so als wärest du die Seele ihrer Körper.
Und als ich nochmals hinblickte, fand ich dich allein in deiner Einsamkeit. Du standest neben deinem Thron, ein Verbannter, der seine Hand nach jeder Richtung hin ausstreckt, als würde er Barmherzigkeit und Güte von unsichtbaren Geistern erflehen und um Schutz bitten – einer, der selbst nichts als Wärme und Freundlichkeit geben kann.
Ich habe dich, mein Bruder, in eine wundervolle Frau verliebt gesehen, und du legtest dein Herz auf den Altar ihrer Liebenswürdigkeit. Als ich sah, wie sie dich zärtlich und mütterlich anblickte, sprach ich zu mir: »Lang lebe die Liebe, die des Menschen Einsamkeit vertreibt und sein Herz mit dem eines anderen verbindet.«
Doch als ich erneut hinsah, erspähte ich in deinem liebenden Herzen ein weiteres, einsames Herz, das vergeblich danach schrie, seine Geheimnisse einer Frau zu enthüllen; und hinter deiner mit Liebe gefüllten Seele gab es eine zweite, einsame, die einer wandernden Wolke glich und vergebens wünschte, sich zu Tränen in den Augen der Geliebten verwandeln zu können...
Dein Leben, mein Freund, ist ein einsamer Ort, abgesondert von den Wohnstätten anderer Menschen. Es ist ein Haus, in dessen Inneres der Blick eines Nachbarn nicht eindringen kann. Wäre es in Dunkelheit gehüllt, könnte es die Lampe deines

Nächsten nicht erleuchten. Gäbe es keine Vorräte darin, so vermöchten die Lager deines Nachbarn es nicht zu füllen. Stünde es in einer Wüste, könntest du es nicht in die Gärten anderer Menschen, die von fremder Hand bestellt und bepflanzt werden, tragen. Und wenn es auf dem Gipfel eines Berges läge, könntest du es nicht ins Tal, das von den Schritten anderer Menschen erfüllt ist, versetzen.

Das Leben deines Geistes, mein Bruder, ist in Einsamkeit gehüllt, und würde es sich nicht so verhalten, dann wärest du nicht *du* und ich wäre nicht *ich*. Gäbe es dieses Alleinsein und dieses Einsamsein nicht, dann würde ich glauben, daß die Stimme, die ich vernehme, wenn du sprichst, meine eigene sei; oder ich würde dein Gesicht sehen, sobald ich selbst in den Spiegel blicke.

Über die Märtyrer des menschlichen Gesetzes

Wurdest du in der Wiege der Sorge geboren oder im Schoße des Unglücks und im Haus der Unterdrükkung aufgezogen? Mußt du nun trockene Brotkruste essen, die von Tränen aufgeweicht wird? Trinkst du trübes Wasser, das mit Blut und Zähren vermischt ist?

Bist du ein Soldat, dem das strenge Gesetz des Menschen befiehlt, Weib und Kinder zu vergessen, um auf das Schlachtfeld zu ziehen, der *Gier* wegen, welche deine Anführer zu Unrecht *Pflicht* nennen?

Bist du ein Dichter, der mit seinem kümmerlichen Leben zufrieden ist, glücklich darüber, Papier und Tinte zu besitzen, und der sich in seinem Land wie ein Fremdling aufhält und seinen Mitmenschen unbekannt ist?

Bist du ein Gefangener, der eines geringfügigen Vergehens wegen in einen dunklen Kerker gesperrt ist und der von denen verurteilt wurde, die den Menschen zu bessern versuchen, indem sie ihn verderben?

Bist du eine junge Frau, der Gott Schönheit verliehen hat, die jedoch eine Beute der niederen Lüsternheit des Reichen wurde, der sie betrog, ihren Körper, aber nicht ihr Herz kaufte und sie dem Elend und der Not überließ?

Wenn du einer von diesen bist, dann gehörst du zu den Märtyrern des menschlichen Gesetzes. Du bist

unglücklich, und dein Elend ist die Folge der Bösartigkeit des Starken, der Ungerechtigkeit des Tyrannen, der Grausamkeit des Reichen und der Selbstsucht des Unzüchtigen und des Begierigen.
Tröstet euch, meine geliebten Schwachen, denn es gibt eine gewaltige Macht jenseits dieser sichtbaren Welt, eine Macht, die alle Gerechtigkeit, alles Mitleid und Erbarmen und alle Liebe umschließt.
Ihr seid wie eine Blume, die im Schatten wächst; eine sanfte Brise kommt und trägt euren Samen zum Sonnenlicht, wo ihr erneut in Schönheit leben werdet.
Ihr seid wie der Baum ohne Laub, der vom Schnee des Winters niedergedrückt wird. Aber der Frühlng wird kommen und sein grünes Gewand über euch legen; und die Wahrheit wird den Tränenschleier zerreißen, der euer Lachen verbirgt. Ich nehme mich eurer an, meine betrübten Brüder, ich liebe euch und verdamme eure Unterdrücker.

Gedanken und Meditationen

Das Leben trägt uns von einem Ort zum anderen, und das Schicksal zieht uns von hier nach dort. Doch wir, die wir zwischen diesen beiden gefangen sind, vernehmen schreckliche Stimmen und sehen nur das, was uns als Hindernis und Hürde im Wege steht.

Die Schönheit enthüllt sich uns, wenn sie auf dem Throne der Herrlichkeit sitzt; doch wir nähern uns ihr im Namen der Lust, entreißen ihr die Krone der Reinheit und beschmutzen ihr Kleid mit unseren Übeltaten.

Die Liebe geht an uns vorüber und ist in Sanftmut gekleidet; doch aus Furcht fliehen wir vor ihr und verstecken uns in der Dunkelheit. Manch einer folgt ihr aber auch, um in ihrem Namen Schandtaten zu begehen.

Selbst der Weiseste von uns beugt sich unter der schweren Last der Liebe; doch in Wahrheit ist sie so leicht wie die heitere Brise des Libanon.

Die Freiheit lädt uns an ihre Tafel, wo wir ihre schmackhaften Speisen und ihren köstlichen Wein genießen dürfen; doch sobald wir uns setzen, beginnen wir zu schlingen und übersättigen uns.

Die Natur streckt ihre Arme aus, um uns willkommen zu heißen, und sie lädt uns ein, uns an ihrer Schönheit zu erfreuen; wir jedoch scheuen ihre Stille und eilen in die vor Menschen wimmelnden Städte, um uns dort aneinanderzudrängen wie Schafe, die sich vor einem wilden Wolf fürchten.

Die Wahrheit ruft uns zu sich, vom unschuldigen Lachen eines Kindes oder vom Kuß eines geliebten Wesens angelockt; wir aber verschließen die Türen der Zuneigung vor ihr und behandeln sie wie einen Feind.

Das Herz des Menschen schreit um Hilfe; die menschliche Seele fleht uns um Erlösung an; doch wir achten nicht auf ihre Schreie, denn wir hören und verstehen nicht. Denjenigen aber, der hört und versteht, nennen wir verrückt und meiden ihn.

So vergehen die Nächte, und wir leben in Achtlosigkeit; und die Tage grüßen und umarmen uns. Wir aber leben in ständiger Furcht vor Tag und Nacht.

Wir klammern uns an die Erde, während das Tor des göttlichen Herzens weit offen steht. Wir verachten das Brot des Lebens, während der Hunger an unseren Herzen nagt. Wie gut doch das Leben zum Menschen ist; aber wie weit ist der Mensch vom Leben entfernt!

Über den ersten Blick

Dies ist der Augenblick, der den Rausch des Lebens vom Erwachen trennt; die erste Flamme, welche das Innerste des Herzens erleuchtet; der erste bezaubernde Klang, der auf den silbernen Saiten der Seele ertönt. Es ist der kurze Augenblick, welcher dem Geist die Geschehnisse der Zeit enthüllt und der vor den Augen die Taten der Nacht und die Werke des Bewußtseins ausbreitet. Er eröffnet die Geheimnisse der zukünftigen Ewigkeit. Dies ist der Same, den Ishtar, die Göttin der Liebe, verstreut und den die Augen des geliebten Wesens auf das Feld der Liebe säen, der von der Liebe zum Wachsen und von der Seele zur Frucht gebracht wird.

Der erste Blick der Geliebten ist wie der Geist, der über dem Antlitz des Wassers schwebt und der Himmel und Erde schuf, als der Herr sprach: »Es werde.«

Über den ersten Kuß

Dies ist der erste Schluck aus dem Becher, den die Göttin mit dem Nektar des Lebens füllte; die Trennlinie zwischen dem Zweifel, der den Geist täuscht und das Herz betrübt, und der Gewißheit, die das innere Selbst mit Freude erfüllt. Er ist der Anfang des Liedes vom Leben und der erste Akt im Schau-

spiel des vollkommenen Menschen. Er ist das Band, welches das Geheimnis der Vergangenheit mit dem Glanz der Zukunft eint; das Bindeglied zwischen der Stille der Gefühle und ihren Liedern. Er ist ein Wort, das, von vier Lippen geäußert, dem Herzen einen Thron erbaut, die Liebe zum König ausruft und der Treue eine Krone aufsetzt. Er ist wie die zarte Berührung der Fingerspitzen, sanften Winden gleich, wenn sie die Rose streicheln und einen Seufzer des Glücks und ein holdes Wehklagen hervorrufen.
Er ist der Beginn einer wundervollen Schwingung, welche die Liebenden aus der Welt von Maß und Zahl zu den Gefilden der Träume und Offenbarungen leitet.
Er ist die Vereinigung zweier duftender Blumen und die Vermischung ihres Wohlgeruchs zur Erschaffung einer dritten Seele.
Wenn der erste Blick der Same ist, den die Göttin auf das Feld des menschlichen Herzens streut, so ist der erste Kuß die erste Blüte am Baume des Lebens.

Über die Ehe

Hier beginnt die Liebe, das Prosagedicht des Lebens in Hymnen und Lobgesängen wiederzugeben, mit einer Musik, welche nachts niedergeschrieben wird, um bei Tage gesungen zu werden. Hier zieht die verlangende Liebe den Schleier zurück und erleuchtet die dunklen Kammern des Herzens, indem sie eine Glückseligkeit schafft, die nur von der Wonne der Seele übertroffen wird, wenn sie Gott umarmt.

Die Ehe ist die Vereinigung zweier göttlicher Wesen, damit auf Erden ein drittes geboren werden kann. Sie ist das Aneinanderbinden zweier Seelen in heftiger Liebe, um die Trennung aufzuheben; die höhere Übereinstimmung, die zwei getrennte Einheiten zweier Seelen verbindet; der goldene Ring einer Kette, deren erstes Glied ein Blick und deren letztes die Ewigkeit ist. Sie ist der erfrischende Regen, der vom unbefleckten Himmel fällt, um die Gefilde der göttlichen Natur fruchtbar zu machen und zu segnen.

Wenn der erste Blick aus den Augen der Geliebten wie der Same ist, der ins menschliche Herz gestreut wird, und der erste Kuß ihrer Lippen wie die erste Blüte des Lebens, so ist die Vereinigung zweier Liebender durch die Ehe die erste Frucht aus der ersten Blüte dieser Saat.

Über das Göttliche im Menschen

Der Frühling erwachte, und die Natur redete in der Sprache der Bäche und Flüsse und durch das Lächeln der Blumen. Die Seele des Menschen ward glücklich und zufrieden.
Doch plötzlich erzürnte sich die Natur und riß die schöne Stadt nieder. Und der Mensch vergaß ihr Lachen, ihre Lieblichkeit und ihre Güte.
Eine blind wütende und furchterregende Kraft hatte in einer Stunde zerstört, was in Generationen errichtet worden war. Gnadenloser Tod ergriff Mensch und Tier mit seinen Klauen und streckte sie nieder.
Verheerende Feuer verschlangen die Bewohner und ihre Habe; tiefschwarze und angsteinflößende Nacht verhüllte die Schönheit des Lebens unter einem Leichentuch aus Asche. Die Elemente wüteten fürchterlich und vernichteten die Menschen, ihre Wohnstätten und alles, was sie geschaffen hatten.
Inmitten dieser furchtbaren Zerstörung, die aus dem Inneren der Erde kam, inmitten all des Elends und der Ruinen stand die arme Seele, betrachtete das Geschehen und erwog betrübt die Schwachheit des Menschen gegenüber der Allmacht Gottes. Sie machte sich Gedanken über den Feind des Menschen, der sich in den tiefsten Erdschichten und in den höchsten luftigen Höhen verbarg. Sie hörte das Klagen der Mütter und der hungrigen Kinder und

nahm Anteil an ihrem Leid. Die Barbarei der Elemente und die Schwachheit der Menschen ließen sie daran denken, wie diese gestern noch im Schutze ihrer Häuser geschlafen hatten und heute als heimatlose Flüchtlinge um ihre prächtige Stadt klagten, wie all ihre Hoffnungen sich in Verzweiflung, ihre Freude sich in Kummer und ihr Friede sich in Krieg gekehrt hatten. Sie litt mit den gebrochenen Herzen, welche von den eisernen Klauen der Trauer, Not und Verzweiflung gepackt worden waren.
Und während die Seele grübelnd, leidend und an der Gerechtigkeit des alle Kräfte der Welt aneinanderbindenden göttlichen Gesetzes zweifelnd dastand, flüsterte sie in die Stille:
»Hinter aller Schöpfung gibt es eine ewige Weisheit, welche Verheerung und Zerstörung hervorbringt, aber auch unaussprechliche Schönheit bewirkt. Denn Feuer, Donner und Sturm gehören zur Erde wie Haß, Neid und Bosheit zum menschlichen Herzen.«
Während das trauernde Volk den Himmel mit Seufzen und Klagen erfüllte, besann ich mich in der Erinnerung all der Mahnungen, Unglücksfälle und dramatischen Geschehnisse, die auf der Bühne der Zeit aufgeführt worden waren.
Ich sah die Menschen im Laufe der Geschichte Türme, Paläste, Städte und Tempel auf dem Antlitz der Erde errichten; und ich sah, wie sich die Erde in ihrer Wut daraufstürzte und sie in ihren Schoß zurückwarf.
Ich habe kräftige Männer gesehen, die uneinnehmbare Festungen errichteten, und ich beobachtete Künstler, die diese Mauern mit Gemälden verschönerten. Und dann sah ich, wie die Erde sich auftat,

ihren Rachen weit aufsperrte und alles verschlang, was kunstfertige Hände und kluge Köpfe geschaffen hatten.
Da wußte ich, daß die Erde einer wunderschönen Braut gleicht, die keinerlei Juwelen von Menschenhand braucht, um ihre Anmut zu erhöhen, sondern daß sie zufrieden ist mit dem grünen Gras ihrer Felder, dem goldenen Sand ihrer Gestade und den kostbaren Steinen ihrer Berge.
Den Menschen aber, den Auserwählten unter allem Lebendigen, sah ich gleich einem Riesen inmitten von Wut und Zerstörung stehen, und er spottete über den Zorn der Erde und das Wüten der Elemente.
Wie eine Lichtsäule stand er da, innerhalb der Ruinen von Babylon, Ninive, Palmyra und Pompeji, und er sang die Hymne der Unsterblichkeit:

> *Laß die Erde nehmen,*
> *Was der Erde ist,*
> *Denn ich, der Mensch, bin ohne Ende.*

Über Vernunft und Wissen

Wenn die Vernunft zu dir spricht, höre auf das, was sie sagt, und du wirst gerettet werden. Mache dir ihre Äußerungen zunutze, so gut du kannst, und du wirst wohl gerüstet sein. Denn Gott hat dir keinen besseren Führer gegeben als die Vernunft und keinen stärkeren Helfer als sie. Wenn in deinem Inneren die Vernunft spricht, bist du gegen jegliches Verlangen gefeit. Denn sie ist ein kluger Ratgeber, ein getreuer Begleiter und ein umsichtiger Wegweiser. Die Vernunft ist das Licht in der Dunkelheit, wie auch durch den Zorn inmitten des Lichts Dunkelheit entstehen kann. Sei weise und laß die Vernunft und nicht den Trieb dein Berater sein.

Doch bedenke, daß selbst wenn die Vernunft an deiner Seite ist, sie dennoch ohne die Unterstützung des Wissens hilflos dasteht. Ohne ihre Schwester, das Wissen, ist sie wie ein obdachloser Bettler; und das Wissen ohne Vernunft gleicht einem unbewachten Haus. Selbst Liebe, Gerechtigkeit und Güte nützen wenig, wenn die Vernunft nicht mit ihnen ist.

Der gebildete Mensch, der keine Urteilskraft besitzt, ist wie ein unbewaffneter Soldat, der in die Schlacht zieht. Sein Zorn wird die Lebensquelle seiner Gemeinschaft vergiften, und er wird wie das Samenkorn der Aloe in einem Kruge reinen Wassers sein.

Vernunft und Lernen verhalten sich wie Körper und Seele. Ohne den Körper ist die Seele nichts als ein leerer Wind. Und ohne die Seele ähnelt der Körper einem sinnlosen Gerüst.

Vernunft ohne Lernen ist wie ein ungepflügter Acker oder wie ein menschlicher Körper, welcher der Nahrung bedarf.

Vernunft kann man nicht mit den Gütern vergleichen, die auf den Märkten verkauft werden und welche, je größer die Menge ist, um so weniger Wert haben. Der Wert der Vernunft wächst mit ihrem Überfluß. Doch würde sie am Marktplatz verkauft werden, könnte nur ein Weiser ihren wahren Wert erkennen.

Der Narr sieht nichts außer der Torheit; und der Verrückte nur die Tollheit. Gestern bat ich einen Toren, die Verrückten unter uns zu zählen. Er lachte und sagte: »Dies ist zu schwierig und würde zu lange dauern. Wäre es nicht besser, nur die Weisen zu zählen?«

Wisse um deinen eigenen Wert, und du wirst nicht zugrunde gehen. Die Vernunft ist dein Licht und das Leuchtfeuer der Wahrheit. Vernunft ist die Quelle des Lebens. Gott hat dir das Wissen gegeben, auf daß du unter ihrem Licht nicht nur ihn anbetest, sondern damit du auch dich selbst in deiner Schwäche und Stärke sehen kannst.

Wenn du das Staubkörnchen in deinem eigenen Auge nicht wahrnehmen kannst, wirst du es auch nicht im Auge deines Nachbarn sehen.

Blicke jeden Tag in dein Gewissen und bessere dich. Wenn du diese Pflicht vernachlässigst, wirst du dem Wissen und der Vernunft, die in dir wohnen, untreu werden.

Habe ein wachsames Auge auf dich selbst, als wärest du dein eigener Feind. Denn du wirst nicht lernen, dich zu beherrschen, wenn du nicht erst deine Leidenschaften zu beherrschen lernst und dem Befehl deines Gewissens gehorchst.

Einst hörte ich einen erfahrenen Mann sagen: »Gegen jedes Übel gibt es ein Heilmittel, außer gegen die Torheit. Einen halsstarrigen Toren zu tadeln oder einem Tölpel ins Gewissen zu reden, gleicht dem Versuch, auf Wasser zu schreiben. Christus heilte den Blinden, den Hinkenden, den Gelähmten und den Leprakranken. Den Narren jedoch konnte er nicht heilen.
Betrachte eine Frage von allen Seiten, und du kannst sicher sein, den Fehler, der sich eingeschlichen hat, zu entdecken.
Wenn die Türe zu deinem Herzen offensteht, sieh zu, daß der Durchgang nicht zu schmal ist.
Derjenige, welcher eine Gelegenheit zu ergreifen sucht, nachdem sie vorüber ist, verhält sich nicht anders als der, welcher sie kommen sieht, aber die Begegnung mit ihr vermeidet.«

Gott schafft nichts Böses. Er gibt uns Vernunft und die Fähigkeit zu lernen, damit wir immer auf der Hut vor den Fallstricken des Irrtums und der Verwirrung sind. Gesegnet sind diejenigen, welchen Gott die Gabe der Vernunft verliehen hat.

Über Musik

Ich saß neben der Geliebten und lauschte ihren Worten. Meine Seele begann im Unendlichen zu wandern, wo das Universum wie ein Traum erscheint und der Körper einem engen Gefängnis gleicht.
Die bezaubernde Stimme meiner Geliebten drang in mein Herz.
Es war Musik, meine Freunde, und ich vernahm sie in den Seufzern des geliebten Mädchens und in den Worten, die auf ihren Lippen zu ahnen waren.
Mit den Augen meines Gehörs sah ich in der Geliebten Herz.

Meine Freunde! Musik ist die Sprache der Seelen. Ihre Melodie gleicht der heiteren Melodie, welche die Seiten einer Lyra vor Liebe erzittern läßt. Sobald die sanften Finger der Musik an das Tor euerer Gefühle pochen, erwecken sie Gedanken, die lange Zeit in den Tiefen der Vergangenheit verborgen lagen. Die traurigen Klänge der Musik bringen uns schwermütiges Rückbesinnen; und ihre ruhigen Töne freudige Erinnerungen. Der Klang der Saiten läßt uns beim Scheiden eines teuren Menschen weinen oder läßt uns dem Frieden zulächeln, den Gott uns schenkte.
Die Seele der Musik ist der Geist, und ihr Gemüt kommt aus dem Herzen.
Als Gott den Menschen schuf, gab er ihm die Musik

als eine Sprache, die sich von allen anderen unterscheidet. Die Menschen der Frühzeit sangen ihren Ruhm in der Wildnis; und die Musik bewegte die Herzen von Königen und zog sie von ihren Thronen.
Unsere Seelen gleichen zarten Blumen, mit denen die Stürme des Schicksals Mitleid haben. Sie erzittern im Morgenwind und neigen ihre Häupter unter den Tautropfen, die vom Himmel fallen.
Das Lied des Vogels weckt den Menschen aus seinem Schlummer und lädt ihn ein, in die Psalmen zum Ruhme der Ewigen Weisheit einzustimmen, welche das Lied des Vogels schuf.
Solche Musik läßt uns nach der Bedeutung der Geheimnisse in alten Büchern fragen.
Wenn die Vögel singen, rufen sie dann die Blumen auf die Felder, sprechen sie mit den Bäumen oder geben sie das Murmeln der Bäche wieder? Der Mensch kann trotz seines Verstandes nicht wissen, was der Vogel sagt, was der Fluß spricht und die Wogen wispern, wenn sie die Gestade leicht und sanft umspülen.
Mit seinem Verstand kann der Mensch nicht ergründen, wovon der Regen kündet, wenn er auf die Blätter der Bäume oder auf die Fensterscheiben tropft. Er kann nicht wissen, was die Luft den Blumen auf den Wiesen erzählt.
Doch das Herz des Menschen kann fühlen und somit auch die Bedeutung der Klänge erfassen, die mit seinen Gefühlen spielen. Die Ewige Weisheit spricht oft in einer geheimnisvollen Sprache mit ihm; und während Seele und Natur sich unterhalten, steht der Mensch sprachlos und verwirrt da.
Doch hat er nicht auch bei diesen Klängen geweint? Und sind seine Tränen nicht beredtes Verstehen?

Göttliche Musik!
Tochter und Seele der Liebe

Gefäß voll Bitterkeit und
Wonne

Traum des menschlichen Herzens, Frucht
der Trauer

Blume der Freude, Duft und
Blüte des Gefühls

Sprache der Liebenden, Offenbarung der
Geheimnisse

Mutter der Tränen verborg'ner Liebe

Odem für Dichter, Tonschöpfer,
Baukünstler

Einheit der Gedanken in der Unvollständigkeit
der Worte

Gestalterin der Liebe aus der Schönheit heraus,
Wein des frohlockenden Herzens in
einer Welt der Träume

Stärke der Krieger und Stütze
der Seelen,
Ozean des Erbarmens und Meer der Zärtlichkeit

O Musik
In deine Tiefen legen wir unser Herz
und unsere Seele

Du hast uns gelehrt, mit unseren Ohren
zu sehen
Und mit unserem Herz zu hören.

Über Weisheit

Weise ist derjenige, welcher Gott liebt und verehrt. Eines Menschen Verdienst liegt in seinem Wissen und in seinen Taten, nicht aber in seiner Hautfarbe, seinem Glauben, seiner Rasse oder seiner Abstammung. Bedenke, mein Freund, eines Schäfers Sohn, der Wissen besitzt, ist für ein Volk von größerem Wert als der Erbe eines Thrones, wenn er ungebildet ist. Wissen ist dein wahres Adelsprädikat; und es ist ohne Bedeutung, wer dein Vater ist oder welcher Rasse du angehörst.

Bildung ist der einzige Reichtum, den Tyrannen nicht rauben können. Nur der Tod kann das Leuchten des Wissens in dir zum Erlöschen bringen. Der wahre Wohlstand eines Volkes zeigt sich nicht in seinen Gold- und Silberschätzen, sondern in seiner Lernfähigkeit und Weisheit sowie in der Ehrenhaftigkeit seiner Bürger.

Ein reicher Geist verschönert das Angesicht eines Menschen und erzeugt Wohlgefallen und Achtung. Der Geist jedes Wesens zeigt sich in den Augen, im Gesicht und in allen Körperbewegungen und Gesten. Unsere Erscheinung, unsere Worte und Handlungen sind niemals größer als wir selbst. Denn die Seele ist unser Haus; seine Fenster sind unsere Augen und unsere Worte ihre Boten.

Wissen und Verstehen sind des Lebens treue Begleiter, die niemals abtrünnig werden. Denn das Wissen ist deine Krone und das Verstehen dein Stab; und wenn beide mit dir sind, kannst du keine größeren Schätze besitzen.

Wer dich versteht, ist enger mit dir verwandt als dein eigener Bruder. Denn selbst dein nächster Verwandter kann dich manchmal weder verstehen noch deinen wahren Wert erkennen.

Freundschaft mit einem Unwissenden ist ebenso töricht wie Streit mit einem Betrunkenen.

Gott hat dich mit Intelligenz und Wissen ausgestattet. Lösche nicht den Lichtquell göttlicher Gnade und laß die Kerzen der Weisheit nicht in der Dunkelheit der Wollust und des Irrens ausgehen, denn ein weiser Mann naht mit seiner Fackel, um den Weg der Menschheit zu erleuchten.

Bedenke, ein gerechter Mensch verursacht dem Teufel größere Betrübnis als eine Million blind Glaubender.

Ein geringes Wissen, das *handelt*, ist unendlich mehr wert als ein größeres Wissen, das träge ist.
Wenn dein Wissen dir nicht den Wert der Dinge weist und dich nicht von den Fesseln der Materie löst, wirst du dem Thron der Wahrheit niemals näherkommen.
Wenn dein Wissen dich nicht lehrt, dich über menschliche Schwäche und Not zu erheben und deinen Gefährten auf den rechten Weg zu führen,

dann bist du in der Tat ein Mensch von geringem Wert und wirst es bis zum Jüngsten Tage bleiben.
Lerne die Worte der Weisheit, die der Wissende spricht, und wende sie für dein eigenes Leben an. Handle danach, doch mache keine Verkündigung daraus, denn derjenige, der wiederholt, was er nicht versteht, ist nicht besser als ein Dummkopf, der mit Büchern beladen ist.

Über Liebe und Gleichheit

Mein armer Freund, wenn du wüßtest, daß die Armut, welche dir so viel Elend bereitet, auch der Quell ist, der dir die Erkenntnis der Gerechtigkeit und das Verstehen des Lebens schenkt, du würdest mit deinem Los zufrieden sein.
Ich spreche von der Kenntnis der Gerechtigkeit; denn der Reiche ist zu sehr damit beschäftigt, Besitztum anzuhäufen, als daß er diese Kenntnis erwerben könnte.
Und ich spreche vom Verstehen des Lebens; denn der Starke eifert zu sehr nach Macht und Ruhm, als daß er dem geraden Pfad der Wahrheit folgen könnte.
Freue dich also, mein armer Freund, denn du bist das Sprachrohr der Gerechtigkeit und das Buch des Lebens. Sei zufrieden, denn du bist die Quelle der Tugend für diejenigen, welche über dich herrschen, und der Stützpfeiler der Redlichkeit für jene, die dich führen.
Wenn du sehen könntest, mein betrübter Freund, daß das Unglück, welches dir im Leben widerfährt, die gleiche Kraft ist, die dein Herz erleuchtet und deine Seele aus den Niederungen des Spottes zum Thron der Wertschätzung emporhebt, würdest du dein Schicksal annehmen und es als ein Vermächtnis betrachten, das dich bildet und weise macht.
Denn das Leben ist eine Kette mit vielen ver-

schiedenen Gliedern. Die Trauer ist ein goldenes Verbindungsstück zwischen der Ergebenheit dem Heute gegenüber und der verheißenen Hoffnung auf Künftiges.
Sie ist die Morgendämmerung zwischen dem Schlummer und dem Erwachen.
Mein armer Freund, die Mittellosigkeit zeugt von einem edlen Geist, während Reichtum die Sünde zutage bringt. Würden Trauer und Armut abgeschafft, so wäre die Seele des Menschen eine leere Tafel, auf der nichts geschrieben stünde als die Zeichen der Selbstsucht und des Neides.
Bedenke, daß die Göttlichkeit das wahre Selbst des Menschen ist. Sie kann nicht für Gold erkauft werden; man kann sie auch nicht anhäufen wie die Reichtümer der heutigen Welt. Der Reiche hat seine Göttlichkeit abgelegt und klammert sich an sein Gold. Und die Jugend hat die Göttlichkeit vergessen und folgt der Selbstverwirklichung und den Vergnügungen.
Mein geliebter armer Freund, die Stunde, welche du mit deinem Weib und deinen Kindern verbringst, wenn du vom Feld nach Hause kommst, ist das Unterpfand aller künftigen menschlichen Familien; sie ist das Zeichen des Glücks, welches das Los aller kommenden Generationen sein wird.
Das Leben, das der Reiche mit dem Anhäufen von Gold verbringt, gleicht in Wahrheit dem Leben der Würmer im Grab. Es ist ein Zeichen der Furcht.
Die Tränen, die du vergossen hast, mein trauriger Freund, sind reiner als das Lachen dessen, der zu vergessen sucht, und süßer als der Spott des Zynikers. Diese Tränen befreien die Seele vom Gifthauch des Hasses und lehren den Menschen, die Not desje-

nigen zu teilen, dessen Herz gebrochen ist. Es sind die Tränen des Nazareners.
Die Stärke, die du für den Reichen säst, wirst du in ferner Zukunft ernten, denn alles kehrt gemäß der Fügung der Natur zu seinem Ursprung zurück.
Und die Trauer, die du trugst, wird sich nach himmlischem Befehl in Freude wandeln.
Und künftige Generationen werden den Wert von Liebe und Gleichheit durch Trauer und Armut erlernen.

Weitere Worte des Meisters

Ich bin hier gewesen seit dem Anbeginn der Zeit, und ich werde bis zum Ausgang der Tage bleiben; denn mein Dasein ist ohne Ende. Die Seele des Menschen ist nur ein Stück der brennenden Fakkel, die Gott bei der Schöpfung von sich löste.

Meine Brüder, sucht Rat beieinander, denn darin liegt der Weg aus Irrtum und einsichtiger Reue. Die Weisheit vieler ist ein Schild gegen Tyrannei. Denn wenn wir uns des Rates wegen einander zuwenden, verringern wir die Zahl unserer Feinde.

Wer keinen Rat sucht, ist ein Narr. Seine Torheit macht ihn der Wahrheit gegenüber blind, böse und widerspenstig, und er wird zu einer Gefahr für seine Gefährten.

Sobald ihr ein Problem klar erfaßt habt, betrachtet es mit Entschlossenheit, denn so handelt der Starke.

Sucht den Rat der Alten, denn ihre Augen haben den Jahren ins Antlitz geschaut, und ihre Ohren vernahmen die Stimmen des Lebens. Selbst wenn ihr Rat nicht erfreulich für euch ist, achtet sie.

Erwartet keinen guten Rat von einem Tyrannen, einem Übeltäter, einem Eingebildeten oder einem

Ehrlosen. Wehe dem, der sich mit dem Schurken, der Hilfe sucht, verbindet. Denn ihm zuzustimmen, ist eine Schande, und seinen falschen Worten Gehör zu schenken, Verrat.

Solange ich nicht großes Wissen, scharfe Urteilskraft und vielfältige Erfahrung erworben habe, kann ich mich keinesfalls als Ratgeber der Menschen betrachten.

Bringe die Eile zur Ruhe und sei nicht träge, wenn sich dir Bequemlichkeit anbietet. So wirst du schwere Irrtümer vermeiden.

Mein Freund, verhalte dich nicht wie jener, der an der Feuerstelle sitzt, das Feuer erlöschen sieht und dann vergebens in die kalte Asche bläst. Gib die Hoffnung nie auf und verharre nicht in Verzweiflung über das, was vergangen ist, denn das Unwiederbringliche zu beweinen ist die schlimmste der menschlichen Schwächen.

Gestern bereute ich mein Tun, und heute verstehe ich meinen Irrtum und das Unglück, das ich selbst über mich brachte, als ich meinen Bogen zerbrach und meinen Köcher zerstörte.

Ich liebe dich, mein Bruder, wer immer du auch sein magst – ob du in deiner Kirche opferst, in deinem Tempel kniest oder in deiner Moschee betest. Du und ich, wir sind Kinder eines Glaubens, denn die verschiedenartigen Pfade der Religion sind die Finger der liebenden Hand des einen Höchsten Wesens, einer Hand, die sich nach allen ausstreckt, die allen die Vollkommenheit des Geistes bietet und bemüht ist, alle zu erreichen.

Gott hat dir eine beflügelte Seele gegeben, um dich in den weiten Himmel von Liebe und Freiheit zu erheben. Ist es da nicht schade, daß du die Schwingen mit deinen eigenen Händen brichst und es zuläßt, daß deine Seele wie ein Insekt auf dem Erdboden kriecht?

Meine Seele, das Leben gleicht dem Lauf der Nacht; je schneller sie vergeht, desto eher naht der Morgen.

Wind

O Wind, du streichst an uns vorüber, einmal lieblich und zärtlich, ein andermal seufzend und klagend. Wir hören, aber wir sehen dich nicht; wir nehmen deine Berührung wahr, doch können wir deinen Schatten nicht erspähen. Du gleichst einem Ozean der Liebe, der unsere Seelen überschwemmt, sie aber nicht ertränkt.
Du steigst auf die Hügel, fällst in die Täler hinab und verstreust dich über Felder und Wiesen. In deinem Steigen liegt Kraft und Anmut in deinem Fall. Du bist wie ein gnädiger Herrscher, barmherzig mit dem Unterdrückten, aber streng gegen den Anmaßenden und Starken.
Im Herbst seufzt du in den Tälern, und die Bäume geben deine Klage wieder. Im Winter sprengst du deine Ketten, und die gesamte Natur lehnt sich mit dir auf.
Im Frühling erhebst du dich, noch schwach und hinfällig, aus deinem Schlummer, und durch deine matten Bewegungen beginnen die Felder zu erwachen.
Im Sommer verbirgst du dich hinter einem Schleier der Ruhe, als wärest du gestorben, von den Pfeilen der Sonne und den Speeren der Hitze niedergeworfen.
Klagtest du wirklich in den letzten Tagen des Herbstes, oder lachtest du über die Schamröte der nackten Bäume? Warst du an Wintertagen ärgerlich, oder

tanztest du um die schneebedeckten Gräber der Nacht?
Warst du im Frühling wirklich geschwächt, oder beklagtest du den Verlust deiner Geliebten, der Jugend aller Jahreszeiten?
Warst du während jener Sommertage vielleicht tot, oder schliefst du nur im Kern der Früchte, in den Reben der Weinstöcke oder in den Ähren des Weizens auf der Tenne?
Du erhebst dich aus den Straßen der Städte und trägst die Samenkörner der Plagen mit dir fort; und von den Hügeln bringst du den duftenden Atem der Blumen. Ebenso erträgt die große Seele die Trauer des Lebens und begegnet der Freude in der Stille.
Du flüsterst der Rose ein Geheimnis ins Ohr, und sie begreift dessen Sinn. Oftmals ist sie beunruhigt – dann wieder ergötzt. So verfährt auch Gott mit der Seele des Menschen.
Bald zögerst du, bald bist du in Eile und bewegst dich unaufhörlich. So ist das Gemüt des Menschen, der lebt, solange er handelt, und der stirbt, sobald er müßig ist. Du schreibst deine Lieder auf das Antlitz des Wassers; dann verwischst du sie. Diesem Tun gleicht die Arbeit des Dichters.
Vom Süden kommst du heiß wie die Liebe, vom Norden so kalt wie der Tod, vom Osten sanft wie die Regung der Seele und vom Westen gewaltig wie Wut und Zorn. Bist du wankelmütig wie die Zeiten oder ein Bote gewichtiger Neuigkeiten aus den vier Himmelsrichtungen?
Du rast durch die Wüste, zertrampelst die arglosen Karawanen und begräbst sie unter Bergen von Sand. Bist du ebenso die leichte Brise, die in der Morgendämmerung die Blätter erzittern läßt und wie ein

Traum durch die gewundenen Täler streicht, wo die Blumen sich zum Gruße neigen und das Gras, von deinem Hauch berauscht, schwer die Köpfe hängen läßt?

Du erhebst dich von den Meeren und störst den Frieden ihrer Tiefen, und in deinem Zorn vernichtest du Schiffe und Mannschaften. Bist du dieselbe sanfte Brise, die mit den Locken der Kinder spielt, wenn sie um die Häuser herumtoben?

Wohin trägst du unsere Herzen, unsere Seufzer, unseren Atem und unser Lächeln? Was treibst du mit den wehenden Fackeln unserer Seelen? Bringst du sie an einen Ort jenseits allen sichtbaren Lebens? Zerrst du sie wie Weiheopfer zu weit entfernten Höhlen, um sie dort zu vernichten?

In der Stille der Nacht enthüllen die Herzen dir ihre Geheimnisse. Und am Morgen öffnen sich die Augen unter deiner sanften Berührung. Achtest du darauf, was die Herzen gefühlt oder die Augen gesehen haben?

Zwischen deine Schwingen legt der Verängstigte den Widerhall seiner Klagelieder, die Waise ihr gebrochenes Herz und der Unterdrückte seine schmerzlichen Seufzer. In den Falten deines Kleides birgt der Fremdling seine Sehnsucht, der Verlassene seine Trauer und die gefallene Frau ihre Verzweiflung.

Bewahrst du sie alle vor der Erniedrigung? Oder gleichst du der Mutter Erde, die alles, was sie hervorbringt, wieder begräbt?

Hörst du die Schreie und das Wehklagen? Hörst du das Jammern und Seufzen? Oder bist du wie der Stolze und Mächtige, der weder die ausgestreckte Hand des Armen sieht, noch seine Schreie vernimmt?

Wind, hörst du denn?

Liebe und Jugend

In einem einsamen Haus saß ein Jüngling an seinem Schreibpult. Bald schaute er durch das Fenster zum Himmel empor, der mit glitzernden Sternen bedeckt war, bald wandte er seinen Blick auf das Bildnis eines Mädchens in seiner Hand. Pinselführung und Farbe zeugten von einem Meisterwerk; sie spiegelten sich in den Gedanken des Jünglings wider und eröffneten ihm die Geheimnisse der Welt und das Mysterium der Ewigkeit.
Das Bildnis der Frau sprach zu dem Jüngling, und in diesem Augenblick wurden seine Augen zu Ohren; er verstand die Sprache der Seelen, die im Raume schwebten, und sein Herz brannte vor Liebe.
So vergingen die Stunden, als wären sie nur ein Augenblick eines wundervollen Traums oder ein Jahr im Sein der Ewigkeit.
Schließlich stellte der junge Mann das Bild vor sich hin, nahm eine Feder und legte die Gefühle seines Herzens auf dem Pergament in folgenden Worten nieder:
»Geliebte! Die große Wahrheit, welche die Natur übertrifft, gelangt nicht durch die menschliche Rede von einem Geschöpf zum anderen. Wahrheit sucht Stille, um der liebenden Seele ihre Bedeutung aufzuzeigen.
Ich weiß, daß das Schweigen der Nacht der wertvollste Bote zwischen zwei Herzen ist, denn sie bringt die Kunde der Liebe und spricht die Psalmen unserer

Herzen. Wie Gott unsere Seelen zu Gefangenen unserer Körper gemacht hat, so machte mich die Liebe zu einem Knecht von Wort und Sprache.

Man sagt, o mein Leben, die Liebe sei eine verzehrende Flamme im Herzen des Menschen. Vom ersten Augenblick an wußte ich, daß ich dich seit uralten Zeiten kenne, und als wir scheiden mußten, war mir gewiß, daß nichts stark genug ist, um uns getrennt zu halten.

Mein erster Blick auf dich war in Wahrheit nicht der erste. Die Stunde, in der sich unsere Herzen trafen, bestärkte mich im Glauben an die Ewigkeit und die Unsterblichkeit der Seele.

In solch einem Augenblick hebt die Natur ihren Schleier von dem, der sich selbst für unterdrückt hält, und enthüllt ihm ihre immerwährende Gerechtigkeit.

Erinnerst du dich des Baches, an dem wir saßen und einander anschauten, Geliebte? Weißt du, daß mir der erste Blick deiner Augen erzählte, daß deine Liebe nicht aus Mitleid sondern aus Gerechtigkeit entstanden ist? Und nun kann ich mir selbst und der Welt verkünden: Die Geschenke, die von der Gerechtigkeit stammen, sind wertvoller als jene, die von der Mildtätigkeit kommen.

Und ich kann ebenso sagen, daß die Liebe, die ein Kind des Zufalls ist, den stehenden Gewässern der Sümpfe gleicht.

Geliebte, vor mir liegt ein Leben, das ich großartig und schön führen kann – ein Leben, das mit unserem ersten Zusammentreffen begann und das bis in alle Ewigkeit dauern wird.

Denn ich weiß, es liegt an dir, die Kraft hervorzubringen, welche Gott mir verliehen hat, um in großen

Worten und Taten verkörpert zu sein, so wie die Sonne den duftenden Blumen auf dem Felde Leben schenkt.
Und deshalb wird meine Liebe zu dir ewig währen.«

Der Jüngling erhob sich und schritt langsam und voll Ehrfurcht durch das Zimmer. Er blickte aus dem Fenster und sah, wie sich der Mond über den Horizont erhob und den weiten Himmel mit seinen sanften Strahlen erfüllte.
Dann kehrte er zu seinem Brief zurück und schrieb:
»Vergib mir, Geliebte, daß ich zu dir wie zu einer anderen Person spreche. Denn du bist meine andere, wundervolle Hälfte, die ich vermißte, seit wir aus der heiligen Hand Gottes kamen. Vergib mir, Geliebte!«

Die Weisheit und ich

In der Stille der Nacht kam die Weisheit in meine Kammer und stellte sich an mein Bett. Sie blickte mich an wie eine liebevolle Mutter, trocknete meine Tränen und sprach:
»Ich habe die Schreie deiner Seele vernommen und bin hierher geeilt, um dich zu trösten. Öffne mir dein Herz, und ich werde es mit Licht füllen. Frage mich, und ich werde dir den Pfad der Wahrheit weisen.«
Ich kam ihrer Aufforderung nach und fragte:
»Wer bin ich, o Weisheit, und wie kam ich an diesen fürchterlichen Ort? Was bedeuten diese großartigen Hoffnungen, diese Berge von Büchern und diese befremdenden Gebräuche? Was sollen all diese Gedanken, die wie eine Schar Tauben kommen und gehen? Und diese Worte, die wir nach Wunsch hervorbringen und freudig niederschreiben? Was meinen diese schmerzlichen und freudigen Entschließungen, die meine Seele umklammern und mein Herz einhüllen? Wessen sind die Augen, die mich anstarren, in die innersten Winkel meiner Seele dringen und doch meinen Gram übersehen? Und diese Stimmen, die das Schwinden meiner Tage bejammern und Loblieder auf meine Kindheit singen? Was bedeutet diese Jugend, die mit meinen Wünschen spielt und meine Gefühle verspottet, welche die Taten von gestern vergißt, mit der Geringfügigkeit des Heute zufrieden ist und sich gegen das langsame Nähern des Morgen wappnet?

Was ist das für eine schreckliche Welt, die mich in Bewegung hält; und in welches unbekannte Land führt sie mich?
Und diese Erde, die ihren Rachen weit aufreißt, um unsere Leiber zu verschlingen, und die der Gier einen immerwährenden Schutz gewährt? Wer ist der Mensch, der mit der Gunst des Schicksals zufrieden ist und einen Kuß von den Lippen des Lebens fordert, während ihm der Tod ins Gesicht schlägt? Was will der Mensch, der einen Augenblick der Freude mit einem Jahr der Reue erkauft und der sich dem Schlafe hingibt, während die Träume ihm zurufen? Wer ist der Mensch, der auf den Wogen der Unwissenheit dem Abgrund der Dunkelheit entgegenschwimmt?
Sage mir, Weisheit, was bedeutet dies alles?«

Und die Weisheit öffnete ihre Lippen und sprach:
»O Mensch, du könntest die Welt durch die Augen Gottes sehen und könntest die Geheimnisse des Jenseits mit dem menschlichen Verstand begreifen. Aber dein Handeln ist die Frucht der Unwissenheit. Geh auf das Feld und sieh, wie die Biene über den lieblichen Blumen schwebt und wie sich der Adler auf seine Beute stürzt. Geh in deines Nachbarn Haus und schau dort das Kind an, das vom Scheine des Feuers verzaubert wird, während die Mutter mit ihrem Haushalt beschäftigt ist. Sei wie die Biene und vergeude die Tage deines Frühlings nicht damit, dem Treiben des Adlers zuzuschauen. Sei wie das Kind, das sich am Feuer erfreut, und laß die Mutter sein. Alles, was du siehst, war und ist noch dein.
Die vielen Bücher, die befremdenden Gebräuche und die liebenswürdigen Gedanken um dich herum

sind die Schatten jener Seelen, die vor dir da waren. Die Worte, die deine Lippen sprechen, sind die Glieder der Kette, die dich und deine Gefährten verbindet. Die traurigen und die freudigen Ereignisse bedeuten die Saat, welche die Vergangenheit auf das Feld deiner Seele streute, auf daß die Zukunft sie ernte.

Die Jugend, die mit deinem Verlangen spielt, ist diejenige, welche das Tor deines Herzens öffnen wird, um das Licht einzulassen. Die Erde, die ihren Rachen weit aufreißt, um den Menschen und seine Werke zu verschlingen, ist der Erlöser deiner Seele aus der Knechtschaft deines Körpers.

Die Welt, die sich mit dir bewegt, ist dein Herz, das wiederum die Welt selbst ist. Und der Mensch, den du für so klein und unwissend hältst, ist ein Bote Gottes, der gekommen ist, um durch die Trauer die Freude des Lebens zu erlernen und durch Unwissenheit zum Wissen zu gelangen.«

So sprach die Weisheit, legte ihre Hand auf meine heiße Stirne und sagte:

»Brich nun auf und zögere nicht; vorwärts zu gehen heißt, der Vollkommenheit zu folgen. Geh und fürchte dich nicht vor den Dornen und den harten Steinen auf dem Pfade des Lebens.«

Die beiden Städte

Das Leben nahm mich auf seine Schwingen und trug mich auf den Gipfel des Berges der Jugend. Dort gab es mir einen Wink und deutete hinter sich. Ich wandte mich um und nahm eine seltsame Stadt wahr, von der dunkle Rauchschwaden aus vielen Hütten aufstiegen, die sich langsam wie Phantome bewegten. Eine dünne Wolkenschicht verbarg die Stadt fast völlig vor meinem Blick.
Nach einem Augenblick des Schweigens rief ich: »Was ist das, o Leben, was ich da sehe?«
»Dies ist die Stadt der Vergangenheit«, antwortete es. »Schau sie dir genau an.«
Und ich blickte auf diese wundersame Szenerie und sah vielerlei: Stätten der Arbeit, die wie schlafende Riesen dalagen; und Tempel des Wortes, um welche Seelen schwebten, die gleichzeitig Schreie der Verzweiflung ausstießen und Lieder der Hoffnung sangen. Ich sah Kirchen, vom Glauben erbaut und vom Zweifel niedergerissen; und Gebetstürme des Denkens, die sich wie die Arme von Bettlern emporreckten; und ich erblickte Straßen des Verlangens, die sich wie Flüsse durch Täler hinzogen; geheimnisvolle Bazare, von der Schildwache der Verhehlung beaufsichtigt und von den Dieben der Enthüllung geplündert; Türme der Stärke, von der Tapferkeit errichtet und von der Furcht zerstört; Altäre der Träume, vom Schlummer erbaut und vom Erwachen verwüstet; armselige Hütten, von der Schwäche be-

wohnt, Moscheen der Einsamkeit und der Selbstverleugnung; Schulen, vom Wissen erleuchtet und von der Unwissenheit ins Dunkel geworfen; Einkehren des Eros, in denen Liebende trunken wurden und wo die Leere sie dann verspottete; Bühnen, auf deren Brettern das Leben sein Spiel aufführte und der Tod das Trauerspiel des Lebens beendete.

Dies ist die Stadt der Vergangenheit – sie erscheint weit entfernt, doch in Wirklichkeit ist sie nahe – obgleich nur schwach sichtbar durch die dunklen Wolken.

Da wandte sich das Leben an mich und sprach: »Folge mir. Wir sind schon zu lange geblieben.« Und ich fragte: »Wohin gehen wir?«

»Wir gehen zur Stadt der Zukunft«, sprach das Leben.

Daraufhin bat ich: »Hab Mitleid mit mir, o Leben. Ich bin schwach, meine Füße sind wund, und meine Kräfte verlassen mich.«

Doch das Leben erwiderte: »Geh nur vorwärts, mein Freund. Zögern bedeutet Feigheit. Und es ist eine Torheit, stets auf die Stadt der Vergangenheit zurückzublicken. Sieh nur, die Stadt der Zukunft winkt...«

Natur und Mensch

Bei Tagesanbruch saß ich auf dem Felde und unterhielt mich mit der Natur. Die Menschen ruhten noch friedvoll unter den Decken des Schlummers. Ich legte mich in das Gras und dachte über folgende Fragen nach:
»Ist Wahrheit Schönheit? Ist Schönheit Wahrheit?«
In meinen Gedanken fand ich mich weit fortgetragen von der Menschheit, und meine Vorstellungskraft lüftete den Schleier der Materie, die mein innerstes Wesen verbarg. Meine Seele breitete sich aus, ich ward der Natur und ihren Geheimnissen näher gebracht, und meine Ohren öffneten sich für die Sprache ihrer Wunder.
Als ich tief in Gedanken versunken dasaß, fühlte ich einen leichten Wind durch die Zweige der Bäume wehen, und ich vernahm ein Seufzen, das dem Jammern eines verirrten Waisenkindes glich.
»Warum seufzt du, sanfter Wind?«, fragte ich.
Und die Brise antwortete: »Weil ich aus der Stadt komme, die unter der Hitze der Sonne glüht, und weil die Keime von Krankheit und Siechtum mein reines Kleid beschmutzt haben. Wie kannst du da meinen Gram tadeln?« Ich blickte auf die tränenüberströmten Gesichter der Blumen und hörte ihr sanftes Klagen. Und ich fragte: »Warum weint ihr, liebliche Blumen?«
Eine von ihnen hob ihren Kopf und flüsterte: »Wir weinen, weil die Menschen kommen werden, um

uns abzuschneiden und auf den Marktplätzen der Stadt zu verkaufen.«

Und eine andere Blume fügte hinzu: »Am Abend, wenn wir verwelkt sind, wird man uns zum Abfall werfen. Wir weinen, weil uns die grausame Hand des Menschen von unserer Heimat trennt.«

Und ich hörte den Bach jammern wie eine Witwe, die ihr totes Kind beklagt, und fragte: »Warum jammerst du, reiner Bach?«

Der Bach antwortete: »Weil ich in die Stadt getrieben werde, wo die Menschen mich verachten und gegen den Saft der Trauben eintauschen, mich zum Gassenkehrer für ihren Abfall machen, meine Reinheit beschmutzen und meine Gefälligkeit besudeln.«

Ich hörte die Vögel klagen und fragte: »Weshalb klagt ihr, schöne Vögel?« Einer von ihnen flog herbei, setzte sich auf einen Ast und sagte: »Die Söhne Adams werden mit ihren tödlichen Waffen bald auf dieses Feld kommen und gegen uns Krieg führen, als wären wir ihre Todfeinde. Wir sagen jetzt einander Lebewohl, denn wir wissen nicht, wer von uns der Wut des Menschen entkommen wird. Der Tod folgt uns, wohin wir auch gehen.«

Die Sonne stieg hinter den Berggipfeln empor und vergoldete die Spitzen der Bäume. Ich blickte auf dieses schöne Bild und fragte mich: »Weshalb muß der Mensch zerstören, was die Natur geschaffen hat?«

Die Zauberin

Die Frau, die mein Herz geliebt hat, saß gestern noch in diesem einsamen Gemach, ruhte sich auf diesem samtenen Diwan aus und nippte kostbaren alten Wein aus diesen kristallenen Kelchen.

Dies ist ein Traum von gestern; denn die Frau, die mein Herz geliebt hat, ist nach einem fernen Ort aufgebrochen, nach dem Land des Vergessens und der Leere.

Der Abdruck ihrer Finger haftet noch an meinem Spiegel, den Duft ihres Atems verspüre ich in den Falten meines Gewandes, und den Widerhall ihrer lieblichen Stimme kann man in diesem Raume noch immer wahrnehmen.

Doch die Frau, die mein Herz geliebt hat, ist zu einem weit entfernten Ort aufgebrochen, welcher das Tal der Verbannung und des Vergessens genannt wird.

Neben meinem Bett hängt ein Bildnis dieser Frau. Die Liebesbriefe, die sie mir schrieb, habe ich in einer silbernen Schatulle, die mit Smaragden und Korallen verziert ist, aufbewahrt. All dies wird bei mir bleiben bis morgen, wenn der Wind es in die Vergessenheit treiben wird, dorthin, wo nur stummes Schweigen herrscht.

Die Frau, die ich geliebt habe, gleicht den Frauen, denen ihr euer Herz schenkt. Sie ist von seltener Schönheit, so als wäre sie von Gott gemacht, sanft wie die Taube, klug wie die Schlange, stolz und

anmutig wie der Pfau, wild wie der Wolf, lieblich wie der weiße Schwan und furchterregend wie die schwarze Nacht. Sie ist aus einer Handvoll Erde und einem Becher Meeresschaum geschaffen.
Ich habe diese Frau von Kindheit an gekannt. Ich bin ihr auf die Felder gefolgt und ergriff den Saum ihres Gewandes, wenn sie in den Straßen der Stadt wandelte. Ich habe sie seit den Tagen meiner Jugend gekannt, und ich habe den Schatten ihres Gesichts auf den Seiten der Bücher, die ich las, gesehen. Im Murmeln des Baches vernahm ich ihre himmlische Stimme.
Ihr eröffnete ich die Zwiespältigkeiten meines Herzens und die Geheimnisse meiner Seele.
Die Frau, die mein Herz geliebt hat, ist an einen kalten, öden und weit entfernten Ort gegangen – ins Land der Leere und des Vergessens.
Die Frau, die meine Seele geliebt hat, wird *Leben* genannt. Sie ist wunderschön und zieht alle Herzen an sich. Sie nimmt unser Leben als Pfand und stillt unsere Sehnsucht mit Versprechungen.
Das *Leben* ist eine Frau, die in den Tränen ihrer Liebhaber badet und sich mit dem Blut ihrer Opfer salbt. Ihre Kleider sind weiße Tage, mit der Dunkelheit der Nacht besetzt. Sie nimmt das menschliche Herz zum Liebhaber, verweigert sich ihm jedoch bei der Hochzeit.

> *Das Leben ist eine Zauberin,*
> *Die uns mit ihrer Schönheit verführt –*
> *Doch wer ihre Tücken kennt,*
> *Wird ihrer Verführung entgehen.*

Jugend und Hoffnung

Die Jugend ging vor mir her, und ich folgte ihr, bis wir an ein entlegenes Feld gelangten. Dort hielt sie an und betrachtete die Wolken, die wie eine Herde weißer Lämmer über den Horizont zogen. Sie schaute empor zu den Bäumen, die ihre kahlen Äste zum Himmel streckten, als würden sie ihn bitten, ihnen ihre grünen Blätter wiederzugeben.
Da fragte ich: »Wo sind wir nun, o Jugend?«
»Wir stehen am Feld der Verwirrung«, antwortete sie, »sei auf der Hut.«
»Laß uns sogleich umkehren«, bat ich, »denn ich fürchte mich vor der Trostlosigkeit dieses Ortes, und der Anblick der Wolken und kahlen Bäume betrübt meine Seele.«
Doch sie sprach: »Hab Geduld. Verwirrung ist der Beginn des Wissens.«

Da blickte ich umher und sah eine Gestalt, die voll Anmut auf uns zukam, und ich fragte: »Wer ist diese Frau?«
»Das ist Melpomene, die Tochter des Zeus und Muse des Trauerspiels«, antwortete die Jugend.
»O glückliche Jugend«, rief ich, »was will das Trauerspiel von mir, wo du doch an meiner Seite bist?«
»Sie ist gekommen«, erwiderte die Jugend, »um dir die Erde und ihre Leiden zu zeigen; denn wer das Leid nicht gesehen hat, vermag auch die Freude nicht zu erkennen.«

Da legte die Erscheinung die Hand auf meine Augen, und als sie sie wieder hob, war die Jugend fort, und ich stand alleine und ohne mein irdisches Gewand da und rief: »Tochter des Zeus, wo ist die Jugend?«
Melpomene gab keine Antwort, sondern schlug ihre Flügel um mich und trug mich auf den Gipfel eines hohen Berges. Unter mir sah ich die Erde, und alles darauf entfaltete sich wie die Seiten eines Buches, auf denen die Geheimnisse der Unendlichkeit geschrieben stehen. Ehrfürchtig stand ich neben der Jungfrau, dachte über das Geheimnis der Menschheit nach und versuchte, die Sinnbilder des Lebens zu enträtseln.
Traurige Dinge nahm ich wahr: Ich sah Engel des Glücks mit den Teufeln des Elends ringen, und zwischen ihnen stand der Mensch, einmal von der Hoffnung, ein andermal von der Verzweiflung angezogen.
Ich sah, wie Liebe und Haß mit dem menschlichen Herzen spielten. Die Liebe verheimlichte des Menschen Schuld und machte ihn trunken mit dem Wein der Unterwürfigkeit, des Lobes und der Schmeichelei, während der Haß seine Leidenschaft erregte und seine Augen und Ohren vor der Wahrheit verschloß.
Und ich sah die Stadt dahocken wie ein Straßenmädchen, welches das Kleid des Menschen zu erhaschen versucht. Von ferne nahm ich die fruchtbaren Felder wahr, die über das Leid des Menschen weinten.
Ich sah Priester, listig wie Füchse, und manch falschen Messias, der des Menschen Glück zu vereiteln trachtete und sich gegen sie verschwor.
Ich sah einen Mann, der nach der Weisheit der

Erlösung schrie; jedoch diese hörte nicht auf seine Schreie, denn er hatte sie verachtet, als sie in den Straßen der Stadt zu ihm sprach.

Ich sah Prediger, die ehrfürchtig gegen den Himmel blickten, während ihre Herzen in den Höhlen des Neides begraben lagen.

Ich sah einen jungen Mann, der das Herz eines Mädchens mit süßen Worten zu gewinnen trachtete; aber ihrer beider Gefühle schlummerten, und ihre Göttlichkeit war weit entfernt.

Ich sah die Gesetzgeber, wie sie träge plauderten und ihre Ware auf den Marktplätzen der Falschheit und Heuchelei verkauften.

Ich sah Ärzte, die mit den Seelen der Einfältigen und Gutgläubigen ihr Spiel trieben. Ich sah den Unwissenden beim Weisen sitzen, und beide erhoben ihre Vergangenheit auf den Thron des Ruhms, schmückten ihre Gegenwart mit den Gewändern des Überflusses und bereiteten ihrer Zukunft ein prunkvolles Ruhebett.

Ich sah den Armen säen und den Mächtigen ernten; und die Unterdrückung, fälschlicherweise Gesetz genannt, stand dabei und hielt Wache.

Ich sah die Diebe der Unwissenheit, welche die Schatzkammern des Wissens plünderten, während die Schildwache der Erleuchtung in den tiefen Schlaf der Trägheit gesunken war.

Und ich nahm zwei Liebende wahr; doch die Frau war wie eine Laute in der Hand eines Mannes, der nicht darauf zu spielen versteht und nur Mißklänge erzeugt.

Und ich sah die Armeen des Wissens die Stadt des ererbten Vorrechts belagern; doch ihre Zahl war gering, und sie wurden bald zerstreut.

Ich sah, wie die Freiheit einsam einherging, an die Türen klopfte und um Schutz flehte, aber niemand achtete auf ihre Bitten. Dann nahm ich wahr, wie die Verschwendung mit großem Prunk vorüberschritt und wie die Menge ihr, der vermeintlichen Freiheit, zujubelte.

Ich sah die Religion in den Büchern begraben, und der Zweifel hatte ihren Platz eingenommen.

Ich sah Menschen, die das Gewand der Duldsamkeit als Deckmantel für ihre Feigheit trugen, und sie nannten die Faulheit Nachsicht und die Furcht Gefälligkeit.

Ich sah den Störenfried am Tische des Wissens sitzen. Er erging sich in Torheiten, aber die Gäste blieben ruhig.

In den Händen des Verschwenders sah ich Gold als Hilfe für üble Taten; und der Geizhals benutzte es als Lockmittel für den Haß. Aber beim Weisen sah ich kein Gold.

Als ich all dies erblickte, rief ich voll Schmerz: »O Tochter des Zeus, ist dies wirklich die Erde? Ist dies der Mensch?«

Mit sanfter und gequälter Stimme entgegnete sie: »Was du siehst, ist der Weg der Seele, der mit harten Steinen gepflastert und mit Dornen bedeckt ist. Dieses ist nur der Schatten des Menschen, die Nacht. Doch warte! Bald wird der Morgen anbrechen!«

Dann legte sie ihre zarte Hand auf meine Augen, und als sie sie hob, ging die Jugend wieder an meiner Seite, und vor uns, als Führerin, schritt die Hoffnung.

Auferstehung

Gestern, meine Geliebte, stand ich allein in dieser Welt, und mein Alleinsein war erbarmungslos wie der Tod. Ich glich einer Blume, die im Schatten eines mächtigen Felsens wächst, von dessen Dasein das Leben nichts wahrnimmt und der seinerseits das Leben nicht beachtet.
Doch heute erwachte meine Seele, und ich sah dich an meiner Seite stehen. Ich stand auf und ward beglückt; in Ehrfurcht kniete ich nieder und betete dich an.
Gestern schien die Berührung der Luft rauh zu sein, und die Strahlen der Sonne wärmten nur schwach; Nebel umhüllten das Antlitz der Erde, und die Wogen der See brüllten wie der Sturm.
Ich schaute mich überall um, doch sah ich nichts als mein eigenes Leid, das neben mir stand, während die Schatten der Dunkelheit aufstiegen und wie hungrige Geier über mich herfielen.
Heute erscheint die Natur in Licht gebadet, und die Nebel sind verschwunden. Wohin ich auch blicke, sehe ich die Geheimnisse des Lebens offen vor mir liegen.
Gestern war ich ein tonloses Wort im Herzen der Nacht; heute bin ich ein Lied auf den Lippen der Zeit.
All dies ereignete sich in einer einzigen Sekunde und wurde von einem Blick, einem Wort, einem Seufzer und einem Kuß geschaffen.

Dieser Augenblick, meine Geliebte, verband die vergangene Bereitschaft meiner Seele mit den künftigen Hoffnungen meines Herzens. Er war wie eine weiße Rose, die sich vom Schoß der Erde zum Licht des Tages emporstreckt.

Dieser Augenblick hatte für mich dieselbe Bedeutung wie die Geburt Christi für das Zeitalter des Menschen, denn er war erfüllt von Liebe und Güte. Er verwandelte Dunkelheit in Licht, Trauer in Freude und Verzweiflung in Wonne.

Geliebte, die Feuer der Liebe fallen in vielerlei Gestalt vom Himmel, doch ihr Eindruck auf die Welt ist der gleiche. Die kleine Flamme, welche das menschliche Herz erleuchtet, gleicht einer lodernden Fakkel, die vom Himmel herabkommt, um die Wege der Menschheit zu erhellen.

Denn in einer Seele sind die Hoffnungen und Gefühle der gesamten Menschheit enthalten.

Die Juden, meine Geliebte, erwarteten das Kommen eines Messias, der ihnen verkündet war und der sie aus ihrer Knechtschaft befreien sollte.

Und der Große Weltgeist hielt die Verehrung von Jupiter und Minerva nicht länger für nützlich, denn die dürstenden Herzen der Menschen konnten mit diesem Wein nicht mehr befriedigt werden.

In Rom machten sich die Menschen Gedanken über das Göttliche Apolls, eines Gottes ohne Mitleid, und auch die Schönheit der Venus verfiel bereits.

Denn tief in ihren Herzen – ohne es zu verstehen – hungerten und dürsteten diese Völker nach der höchsten Lehre, die jede andere, auf Erden Findbare, übersteigen würde. Sie verlangten nach der Freiheit des Geistes, der ihnen lehren sollte, sich mit ihren Nachbarn am Licht der Sonne und an den

Wundern des Lebens zu erfreuen. Denn es ist diese geliebte Freiheit, die den Menschen dem Unsichtbaren nahe bringt, zu dem er ohne Furcht oder Scham kommen kann.

All dies ereignete sich vor zweitausend Jahren, meine Geliebte, als die Wünsche des Herzens um sichtbare Dinge kreisten, in der Furcht, dem ewigen Geist nahe zu kommen – während Pan, der Gott der Wälder, die Herzen der Hirten mit Angst erfüllte, und Baal, der Sonnengott, mit den gnadenlosen Händen der Priester die Seelen der Armen und Unterdrückten quälte.

Doch in einer Nacht, in einer Stunde, in einem Augenblick der Zeit öffneten sich die Lippen des Geistes und sprachen das geheiligte Wort »Leben«; und es wurde Fleisch in einem Kind, das im Schoße einer Jungfrau schlief – in einem Stall, in dem Hirten ihre Herde vor dem Angriff wilder Tiere in der Nacht schützten und die verwundert auf das kleine Kind in der Krippe blickten.

Der kindliche König saß, in seiner Mutter armseliges Gewand gewickelt, auf einem Thron von schwer beladenen Herzen und hungrigen Seelen, aber durch seine Demut wand er das Zepter der Macht aus der Hand Jupiters und gab es dem armen Schäfer, der über seiner Herde wachte.

Und von Minerva nahm er die Weisheit und legte sie in das Herz eines Fischers, der sein Netz flickte.

Von Apollo holte er die Freude durch sein eigenes Leid und schenkte sie dem Bettler, der mit gebrochenem Herzen am Wegesrand stand.

Von Venus nahm er die Schönheit und goß sie in die Seele der gefallenen Frau, die vor ihrem grausamen Unterdrücker zitterte.

Er stieß Baal vom Thron der Macht und setzte an seine Stelle den armen Ackersmann, der im Schweiße seines Angesichts die Saat auf die Felder streute.

Geliebte, war meine Seele gestern nicht den Stämmen Israels vergleichbar? Wartete ich nicht auch in der Stille der Nacht auf das Kommen meines Retters, der mich von der Knechtschaft und den Übeltaten der Zeit erlösen sollte? Fühlte ich nicht wie die Völker vergangener Tage den großen Hunger und Durst nach dem Geist? Ging ich nicht auf der Straße des Lebens wie ein verlorenes Kind in der Wildnis, und war nicht mein Leben einem Saatkorn gleich, das, auf einen Stein geworfen, von keinem Vogel gesucht und von keinem Element gespalten, nicht zum Leben gebracht wurde?

All dies ereignete sich gestern, meine Geliebte, als meine Träume sich an die Dunkelheit klammerten und das Kommen des Tages fürchteten.

All dies geschah, als die Trauer mein Herz zerriß und die Hoffnung sich bemühte, es gesunden zu lassen.

In einer Nacht, in einer Stunde, in einem Augenblick der Zeit stieg der Geist aus der Mitte des göttlichen Lichts herab und blickte mich mit den Augen deines Herzens an. Aus diesem Blick wurde die Liebe geboren und fand eine Wohnstatt in meinem Herzen.

Diese große Liebe, die in das Gewand meiner Gefühle gehüllt war, verwandelte meine Trauer in Freude, meine Verzweiflung in Glück und meine Einsamkeit in ein Paradies.

Liebe, die mächtige Regentin, hat meinem toten Selbst das Leben wiedergegeben. Sie brachte meinen vor Tränen blinden Augen das Licht zurück und hob mich aus dem Abgrund der Verzweiflung zum himmlischen Reich der Hoffnung empor.

Denn all meine Tage waren wie Nächte, meine Geliebte. Doch siehe, der Morgen naht, und bald wird die Sonne aufgehen. Denn der Atem des Kindes Jesus hat das Firmament erfüllt und ist mit dem Himmel eins geworden. Das Leben, einst voll Leid, ist nun vor Freude übervoll, denn die Arme des Kindes halten meine Seele umfaßt.

AUSGEWÄHLTE TEXTE

DESMOND TUTU 11025

H. D. THOREAU 11026

ROMANO GUARDINI 11027

DALAI LAMA 11028

DEUT. MYSTIKERINNEN 11029

A. SCHOPENHAUER 11032

C.F.v. WEIZSÄCKER 11030

HELMUT SCHMIDT 11031

J. KRISHNAMURTI 11033

GOLDMANN

AUSGEWÄHLTE TEXTE

8436

8434

8438

8432

8431

8435

6577

8433

8437

GOLDMANN

AUSGEWÄHLTE TEXTE

11023

8439

8440

11024

8441

8442

11020

11021

GOLDMANN